董存瑞的故事

冷　笛　编著

中国社会出版社

图书在版编目（CIP）数据

董存瑞的故事/冷笛编著.
北京：中国社会出版社，2006.9
（英雄故事丛书/朱司俊 徐 雁 主编）

ISBN 978 - 7 - 5087 - 1341 - 0

Ⅰ. 董...　Ⅱ. 冷...　Ⅲ. 董存瑞 - 生平事迹
Ⅳ. K825.2

中国版本图书馆 CIP 数据核字（2006）第 105540 号

丛 书 名：英雄故事丛书
主　　编：朱司俊　徐　雁
书　　名：董存瑞的故事
编 著 者：冷　笛
责任编辑：杨　晖

出版发行：中国社会出版社　　　邮政编码：100032
通联方法：北京市西城区二龙路甲 33 号新龙大厦
　　　　　电　　话：（010）66050647　（010）66051713　（010）66061708
网　　址：www.shcbs.com.cn
经　　销：各地新华书店

印刷装订：中国电影出版社印刷厂
开　　本：150mm×225mm　1/16
印　　张：11.5
字　　数：181 千字
版　　次：2012 年 3 月第 2 版
印　　次：2014 年 6 月第 3 次印刷
定　　价：18.50 元

《英雄故事丛书》编委会

编者的话

胡锦涛总书记在一次中央领导集体学习时，特别强调要铭记中国革命史。他说，要把学习中国革命史与加强理想信念教育紧密结合起来，做到任何时候、任何情况下，都坚持理想信念不动摇、革命意志不涣散、奋斗精神不懈怠。

一部中国革命史的核心内容和本质要义，自然是爱国主义、革命理想和革命英雄主义。要铭记中国革命史，就必须坚持并加强革命传统教育，就要突出向革命英雄学习，学习他们为了革命理想和共产主义信念前仆后继，不怕流血牺牲的大无畏革命精神。

这套《英雄故事丛书》应时而生、应运而生、应势而生。丛书首批精选了《雷锋的故事》《张思德的故事》《刘志丹的故事》《刘胡兰的故事》《黄继光的故事》《马本斋的故事》《赵一曼的故事》《江竹筠的故事》《杨靖宇的故事》《邱少云的故事》《董存瑞的故事》《狼牙山五壮士的故事》《方志敏的故事》《王若飞的故事》《向警予的故事》等十几位最具代表性的革命英雄人物的动人故事，奉献给广大读者。当我们开卷阅读这些生动、形象的理想信念教育和革命英雄主义教育的珍贵图书时，仿佛看见光辉璀璨和感人泪下的英雄群体列队正向我们大步走来；似乎听到了英雄们高声歌唱的《国际歌》；好像伸手就能够触摸到英雄们跳动的脉搏。通过这套丛书，我们又会真真切切地感觉到，英雄是民族的脊梁。中华民族正是因为有了一代又一代层出不穷的民族脊梁，才会在中国革命史上书写了一页又一页的光辉篇章，也才会有今天中华民族的伟大振兴。然而，在物欲横流面前，也有一部分人变成了金钱和物质的俘虏和奴隶。他们无视民族英雄的存在，把民族英雄、革命理想和光荣传统抛在脑后。当有人提议要进行革命英雄主义教育的时候，竟然会有人不屑一顾。据一次若干所中小学校的千人社会调查结果反映出，知道刘胡兰、黄继光、董存瑞等英雄人物的中小学生，竟然不足被调查人数的20%，能够说出英雄人物感人事迹的更是屈指可数。难道这还不令人深深叹息和无比痛心吗？

无疑，《英雄故事丛书》的读者是全体国民，但是其主体读者是广大青少年、解放军战士、青年工人、青年农民和大中小学生。100年前有识之士梁启超说过："少年智则国智，少年富则国富，少年强则国强，少年独立则国独立，少年自由则国自由，少年进步则国进步，少年胜于欧洲则国胜于欧洲，少年雄于地球则国雄于地球。"青少年永远是祖国的希望和未来，以爱国主义和革命英雄主义为主旨的"八荣八耻"教育，首先在广大青少年之中展开，不仅是现实的迫切需要，更有其远大的战略目标。

《英雄故事丛书》的作者，大都是40～50岁，他们以高度的责任心、丰富的社会经验、充实的历史知识、深邃的洞察能力、成熟的写作技巧融入的这套丛书，翔实厚重、手法灵活、视角独特、可读性强。他们为广大青少年读者奉献了一套内容丰富的精神食粮，一套不是教辅胜似教辅的好书。在此，我们代表广大读者，尤其是青少年读者，向这套丛书的作者表示由衷的谢意！

目录

山娃娃

河北省怀来县的东北，有座帽顶山。从山头远远望去，有个小山庄——南山堡村。这里集居着几十户贫苦人家，他们拼死拼活，累断了筋骨，压弯了脊梁，世世代代向吝啬的土地上洒着汗水。可是，经过洪水与干旱的袭扰后，勉强打下的那点儿粮食，又能让一家人糊几顿口呢！所以人们常常鄙弃地把这个穷山庄称作"难吃饱"。

一九二九年深秋，虽然还没有迎来冬天，南山堡早已是寒气袭人了。西北风刮来了几团灰白色的云彩，绕着山尖不肯离去，云层顺着山背漫下来，山村隐没在一片雾霭中。

上灯时分，从南山堡村边半山坡上住着一户姓董的贫苦人家的窗内和墙缝里透出的灯火，朦胧中照亮了茅屋周围的荆棘和石头。

忽然，天空中落下几颗雨点，接着雨就下起来了。风雨阵阵，使劲儿摇晃着茅屋，摇晃着已经光秃的灌木丛，在纵横交错的沟坎间不停地肆虐。"沙沙——哗！沙沙——哗！"雨声，流水声，响成一片。这家的男主人正佝偻起身子蹲在外间的灶堂前，不停地用抹布擦抹着家传的那只青花瓷碗。锅内冒着热气，煮着浅浅的一点儿黄米稀饭，给空荡荡的屋舍增添了一些温暖气氛。

套间里，土炕上的女人正在临盆生产，她忍住阵痛带来的痛苦，叮嘱："放上些萝卜干子，省着用这点儿粮食。要不，明年这点儿粮食，挨不过春天的饥荒去。"

男主人听了，抬起头来回答："你好好躺着，不用操心。咱再穷，也得让你替孩子吃顿像样的粮食饭，让你有力气，把娃顺顺当当地生下来！"

这时，从套间里传来婴儿的啼哭声。"哇——哇——"

生孩子，女人就是过关。孩子终于降生了，女人舒出一口长气。女人生了个男孩，取名叫存瑞。

听着小存瑞清脆的哭声，男主人高兴地跳起来，喊："娃他娘，给你盛碗黄米饭喝了，快喝了！好催奶！"

屋里的女人笑了，告诉他："他还不会吃奶呢！"

男主人过来，望着女人灿然的笑脸，也笑了。

董家添娃的喜讯，很快传遍了南山堡村的家家户户，乡亲们有的拿来一碗米，有的拿来一碗面。小存瑞像是欢迎街坊四邻的到来，小胳膊小腿又蹬又踹。对门的张嫂拍拍他的小脚丫，开玩笑说："小存瑞的小腿这么有劲儿，长大了肯定有力气，是条能干活儿的男子汉。"

"咱山里的孩子，盼得就是他长得硬胳膊硬腿能干活儿。"小存瑞的父亲瓮声瓮气地接了一句。

"咯儿！咯儿！"存瑞像听懂了话似的，双腿蹬蹬哒哒地笑起来。

吃着山里的野菜和米糠，小存瑞转眼间六岁了。

六岁的小存瑞拿起了牧羊鞭，和南山堡村的娃娃们一样，赶着家里的几只山羊，起早贪黑地跑遍山前山后。有一天，在不远处放羊的小伙伴过来告诉："存瑞，我的羊羔少了一只，是让刘大肚子的大狼狗叼走的。"

小存瑞问："干吗不让他赔？"

小伙伴回答："哪敢呀，那家伙是本村的大地主。他是出了名的大坏蛋，专欺负咱穷人的！"

别的放羊孩子们也跑过来，诉说刘大肚子家的大狼狗可凶了，跟它的主人一样专干坏事，祸害老百姓。有的说：

"天黑的时候，常常溜到别人家里，叼走了鸡笼里的公鸡，咬死了院里的家兔。"

还有的说："有一次，咬得有一家的孩子脚后跟直流鲜血，养了好多天。刘大肚子知道了，连句人话不说，还恶狠狠地吓唬人，说老子养狗，就是让它咬人，看家护院的，咬了谁活该倒霉！”

这时，小存瑞攥紧拳头说：“他说话该倒霉，没那么容易，那咱想法让刘大肚子倒霉，治他一回！”

有的小伙伴同意，说就该治一治大坏蛋。有的小伙伴说：“大狼狗跟牛犊子的个儿差不多，一人高的院墙蹿上去，就跟走平地一样，怕是治不了它倒让它给咬了，太可怕呀！”

小存瑞高声回答：“不怕它，回家每人带一只鱼钩儿来，到水塘边会合，咱有办法叫大狼狗再也不敢跑出来！”

小存瑞带领伙伴们挖了几条大蚯蚓，套在鱼钩上，顺利地从塘里钓到了几条肥肥的草鱼。然后，他们带上活蹦乱跳的鱼儿，隐蔽在灌木丛里，直到傍晚路上没有了行人，才悄悄地摸到刘大肚子家的后院。

这一夜，山庄格外宁静，劳累了的乡亲们都进入了梦乡。

不知什么时候，刘大肚子家的大狼狗突然“呕儿呕儿”怪叫起来，声音尖尖的，惊醒了人们。刘大肚子一大早就站在当街上，声色俱厉地对着南山堡村的老少，破口大骂：

“穷光蛋们，一个个都听着，谁干的？赶紧给老子报告！”

“要不，别怪老子不客气！”

原来，被刘大肚子当成心肝宝贝的那条爱犬，在夜里吞食了藏在鱼肚子里的鱼钩。非常锋利的鱼钩，十几只交叉着，深深扎进大狼狗的咽喉。疼得大狼狗瑟瑟地缩成一团。这会儿，这家伙可能也知道了做尽坏事要遭报应的，变成一条断了脊梁的癞皮狗，再也没了往日的威风。

但是，歹毒的刘大肚子一直耿耿于怀，想找机会报复南山堡的穷老百姓。

他有些怀疑是小存瑞存心跟他过不去，在背后制裁了大狼狗。他就千方百计寻衅找小存瑞的茬儿。

这天，小存瑞赶着家里的几只山羊，出现在山下的水塘边时，刘大肚子凶神恶煞地从背后跳出来。

“小兔崽子！”

小存瑞猛然回过头来，只见一把尖尖的剔骨刀，闪着寒光晃来晃去，直逼他的咽喉。

“是不是你这个小坏蛋，给我家大狼狗喂的鱼钩？害得它现在见了人就躲，浑身打哆嗦！”刘大肚子声嘶力竭地喝问。

小存瑞若无其事地昂着小脸，不理睬他。心想，你家的狗不是伤人，就是吃人家喂养的家畜，还有理啦！

刘大肚子见小存瑞一点儿也不害怕，就更来气了。他抓住存瑞的脖颈，气呼呼朝水塘走去。

“塘水两丈多深，丢下去准淹死你。告诉老子怕不怕？”刘大肚子恶狠狠地喊。

小存瑞瞪起眼睛，使劲儿嚷：“刘大肚子，你怕不怕，你的脚下有条水蛇，咬你的脚后跟！”

“你他妈哪里有蛇？啊啊……”

刘大肚子惊恐地大叫一声，把小存瑞抛在水边，瘫软在地上。

小存瑞借机跑进狭窄的排水沟里。排水沟里容不开刘大肚子这个胖猪，他只能眼睁睁让小存瑞跑掉。

不过，刘大肚子因为生性怕蛇，从此一听到个“蛇”字便吓得屁滚尿流。

从此，存瑞小小年纪不怕恶人的故事，在小伙伴当中广为流传。乡亲们都夸，咱穷苦人家出了个硬骨头的山娃。

刘大肚子抢走了粮

七岁时，小存瑞跟着父亲下地干活儿。庄户人家每天都是起早贪黑的忙碌。炎炎烈日，就像一盆火焰从天上倾泻下来，烫得人心里直发颤。大人都说，这老天爷快把人热死了。

父亲疼爱地抚摩一下小存瑞的头，让他到大树下乘凉。

“不行。”小存瑞告诉父亲，“咱家的地本来就少，不把野草、野菜拔干净了，庄稼就长不好。收下的粮食更不够全家吃了。娘就更愁了。”

父亲欣慰地说：“孩子，爹知道你疼你娘，可你是娘和爹的宝贝，把你累坏了，大人也心疼啊！”

小存瑞不听父亲的劝告，咬着牙，出没在青纱帐里。干完活儿，他就把成捆的杂草放到竹筐里，跟大人抬回去，喂养家里的牲畜。其实，他心里有一个美好的梦，那就是等把山羊喂大后卖了，换回钱来，好给娘买一件新衣裳。娘身上的衣衫实在是太破，破得没法再穿下去了。

但是，他的梦，还是破灭了。

风里来，雨里去。小存瑞的肩膀磨出了血口，给日头烤掉了一层皮。一家人在父亲的带领下，一颗汗珠摔八瓣，眼看辛辛苦苦种的粮食就要到手了，可转眼间就被地主刘大肚子逼租逼债抢走了。家里的几只大些的山羊，眼看就能卖钱了，也给狗腿子赶进了刘大肚子的羊圈。

“咩咩”的叫声，从远处飘过来，在整个山村里回荡。被赶走羊群的不止一家，乡亲们都怨声载道，恨透了恶霸地主。小存瑞不明白这是咋回事，不下地干活的刘大肚子住的是宽敞的大瓦房，穿的是绫罗绸缎，吃的是大鱼大肉，还经常骂人打人。咋村里的穷人都和父亲一样累断了筋骨，流尽了汗，却要吃糠咽菜，还要受刘大肚子的气。

一天，和父亲干完活的时候，小存瑞瞪着一双稚气的亮眼睛拉着父亲的手问：“为啥我们辛辛苦苦种了一年的粮食让刘大肚子抢走了呢？”

“孩子，我们生来命穷啊。”父亲抚摩起小存瑞的头，叹息着说，“你看这个世道黑暗得连官府里都跟他们一个鼻子眼儿出气，给他们撑腰。当然恶人就更横行霸道了。哪还有咱穷人的出路？”

从此，在小存瑞的心灵里，深深地埋下了仇恨的种子，他憎恨这个黑暗的社会。

“我就不信！”这一天，存瑞攥着拳头说，“早晚我得收拾他！”

于是，小存瑞揣上一个糠菜饼子，又约了几个伙伴，一起到南山去放羊。他们边放羊边拾柴，眼看到中午吃饭的时候了，存瑞发现山娃子不知跑到哪里去了。他东喊西找，依然不见踪影，便带领大伙找遍了半座山，终于在一块岩石后边发现了山娃子。山娃子耷拉着脑袋，刚刚哭过的样子，一双眼睛红红的。

“没带干粮吧，给，快吃吧！”董存瑞把自己的饼子递到山娃子的手里。

山娃子感激地看了看存瑞，捧起饼子三口两口就吃进去了。

“早晨也没吃饭吧？”存瑞关心地问。

“今年打的粮食都让刘大肚子抢走了，昨天他又领着人到我家，说是债还没有还清。爹娘没有东西给他，他就把我们家的两只老母鸡抢走了。如今家里揭不开锅，娘也病倒了。”

“刘大肚子真是头上长疮，脚底流脓——坏透了！”其他几个小伙伴也围拢过来，他们听了山娃子的述说，气得直骂刘大肚子。

山娃子的话也勾出了董存瑞的苦水。盛夏的时节，母亲因为吃不饱，到地里锄草时，几次晕倒在苗垄里。全家满以为今年年景好，粮食打得多,不必再为没米下锅发愁了。可哪知道秋收刚过,刘大肚子为日本鬼子又派粮又派款,抢得家里空空的,一个玉米穗都没给留下。多亏父亲积攒了一些晒干的野菜和地瓜叶子,囤里还有一些谷糠,让全家来填肚子。

董存瑞想到这儿,皱起眉头说:"他刘大肚子是恶狼。就兴刘大肚子坑咱们,咱们就不能整治整治他?"

"咋整呢?"一个小伙伴说,"人家有钱有势,大儿子还是村长,还认日本鬼子当了干爹!"

"他家还有枪,让狗腿子背着在门口溜达来溜达去,见人就吹胡子瞪眼睛!"另一个伙伴跟着说。

"我有办法!"董存瑞把小伙伴们聚在一起,悄悄地把自己的想法说了出来。小伙伴们一听高兴地拍起手来。

太阳还有一竿子多高的时候,董存瑞就领着小伙伴们下了山。

没有行人的大路上静悄悄的,只有天空中飞舞的昆虫在头顶上发出细细的"嗡嗡"声,几只麻雀偶尔发出一两声归巢的啼鸣。

他们把羊圈到了一块大青石后边,然后来到村头,董存瑞指着路边一棵老槐树说:"马蜂窝就在这棵树梢上,我们只要把绳拴在马蜂窝根上,绳子的另一头埋在路边,等着刘大肚子出来就行了!"

山娃子性急,听董存瑞说完后,抢过绳子就"噌噌"往树上爬。可爬了一半就出溜下来了:"不行,不行,让马蜂窝蜇着了,火烧火燎的疼! 哎呀!"他一边说一边龇牙咧嘴地直叫唤。董存瑞接过旁边一个小伙伴绳子说:"还是我上吧,我爬得快!"

只见董存瑞用牙咬住绳头儿,两手抱住树干,"嗖嗖嗖"几下子就爬了上去。马蜂窝一受震动,几只马蜂飞了出来,围着董存瑞上下直转。董存瑞心想,越耽搁越麻烦。他顾不得几只马蜂捣乱,三下五除二用绳子拴住马蜂窝,一个猴子倒爬杆就滑了下来。

"呀,你让马蜂蜇着了!"山娃子指着董存瑞脸上的红疙瘩着急地说。

"没事儿,咱们赶快把陷坑挖好,刘大肚子快出来了!"董存瑞像个小指挥官似的命令着。

他们按照分工,有的拿起带来的铁锹挖土坑,有的去折树枝,有的去掐蓖麻叶子。

董存瑞动作麻利，先是在坑口搭好树枝拴紧绳子，然后铺上蓖麻叶子，最后覆盖上薄薄一层干土，这样看去和路面一模一样了。

“撤！”董存瑞一声令下，几个小伙伴分头藏到了大树旁边的草坑里和石块背后。他们的眼睛紧紧盯着街口，就等着刘大肚子来闯马蜂阵了。

眼看着太阳就落山了，村庄开始变得灰蒙蒙的，可还不见刘大肚子的影子，有几个小伙伴沉不住气了：“刘大肚子八成不来了，我们——”

“嘘——”

董存瑞用手指压住嘴唇做了个别出声的动作。他心里有数，刘大肚子每天吃完晚饭后，有出来遛弯儿的习惯，今天天好风顺，这家伙保证还得出来。这时，小山娃轻轻捅了董存瑞一下，存瑞向街口一看，刘大肚子果然又出来了。只见他迈着四方步，端着水烟袋，挺着个大肚皮，一摇一晃地向大槐树下走来。

刘大肚子后边还跟着他那条断了脊梁的癞皮狗似的爱犬。大狼狗似乎嗅到了气息，不停地往主人身后打转，不过，主人并没有留意这些，不时“咕噜咕噜”地吸着水烟。

小伙伴们都紧张地攥起了小拳头，董存瑞的眼睛一眨也不敢眨。刘大肚子来到了大槐树下，吸着烟欣赏了一会儿景色，就得意地向前走去，突然，“扑通”的一声，眼前掉下来个大灰盘盘，人也栽进陷坑里。他低头一看，顿时吓得“哎呀呀”叫唤起来，原来是个大马蜂窝。

顷刻，就见成群的马蜂“嗡”的一声从窝里飞了出来，团团围住了刘大肚子和他的大狼狗。山里的马蜂毒气很大，刘大肚子的脸上很快面目全非，蜇起一串醉枣一般大的红疙瘩，大狼狗也不例外，疼痛得狂吠乱叫。

刘大肚子腿也跛了，跑丢了一双鞋，扔了水烟袋，屁滚尿流地回到家里，倒在床上三天不敢出门。

自从摆了“马蜂阵”，董存瑞在小伙伴中的威信更高了，大家有事都愿意和他商量。

一天，几个小伙伴结伴到山里拾柴禾。

一个小伙伴说:“这几天刘大肚子到处抓夫,说是给长安岭的日本鬼子修炮楼哩!”

另一个小伙伴说:“俺爹有病,说是不能去,刘大肚子就打了俺爹一顿,俺爹如今还躺在床上不能动呢!”

董存瑞说:“刘大肚子让俺爹也出个夫,俺爹不在家,他就让俺去顶,俺去了不到三天就跑回来啦!”

“听说那里鬼子看得可严了,你怎么能跑回来?”小伙伴们惊讶地问。

“日本鬼子可坏了,让抓去的民夫干又苦又累的活,不给饭吃也不让休息,手头稍微慢些刺刀就往身上捅。鬼子见我岁数小,就让我去背水,半道上我假装撒尿,一猫腰就跑回来了!”

“跑回来就好,就怕刘大肚子饶不过你。”

“提防刘大肚子,这家伙啥事都干得出来,手黑着呢!”

董存瑞挥了挥手中的砍柴刀,说:“哼,他不饶我,我还不饶他哩!”

“我想了个办法,”董存瑞压低声音,神秘地对伙伴们说,“咱再整那老狗一下子!”

“咋整?自从这老狗尝了马蜂阵的苦头,变得更凶狠了,见了穷人就嗤鼻子瞪眼,动不动就打人。”一个小伙伴目不转睛地望着董存瑞。

“咱们这次给他来个厉害的,你们谁家还留着过年的炮仗,都给我送来,7月15让刘大肚子给他祖宗磕个响头!”

这刘大肚子有个规矩,每年的农历七月十五,他都要带领一家老小,让人抬上装满鸡鸭鹅鱼的食盒,上坟给祖先磕头烧纸。伙伴们都知道存瑞是个说到做到的人,相信他能有好办法来整治刘大肚子,于是回家取出炮仗送到了董存瑞的手里。

7月15一大早,太阳还没出山,董存瑞就带着几个小伙伴出了村北口,直奔刘大肚子家的坟地。

到了坟地,董存瑞警惕地看看左右,除了茂密的杂草黑糊糊一片,农田里做活儿的人们还没有到来,正是动手的时机,就从怀里掏出个包包放在地上:“看,这就是我用炮仗药做的炸弹,今天就让刘大肚子领教领教它的厉害!”

“这东西能炸死刘大肚子?”

“炸不死,也能把吓破这个老狗的狗胆,叫他知道咱老百姓不是好欺负的!”

“他有狗腿子,让他逮住了咋办?”

“他要逮咱,没那么容易。叫他连个人影也别想见到!”

“那咋让它正好赶在刘大肚子上坟的时候响呢?”小伙伴们还是不明白这个包包的奥妙。

董存瑞笑着告诉大家:“保准让它按照咱们想要的时间爆炸,你们看着!”

董存瑞派一个机灵的小伙伴站到高坡上瞭望,一发现刘大肚子露头儿,就回来报告。

他带着另外几个伙伴,在刘大肚子家的坟前供桌下挖了一个洞,然后轻轻地将“炸弹”安置进去,又用土掩盖好,最后在“土炸弹”的药捻子上接了个香头儿,就这样一个“延时炸弹”埋好了。

当太阳爬到一竿子多高的时候,站在高坡上的小伙伴跑了过来:“存瑞,刘大肚子带领一家人出村啦!”

“好!”董存瑞麻利地点燃了香头,然后带领着小伙伴们藏到了附近的山沟里。

不大一会儿,刘大肚子趾高气扬地出现在大路上。刘大肚子走在前面,带着一家人走进了坟地。他挺着肚皮又是让人摆供品,又是点香,折腾了一阵子,全家排好队后开始给祖宗磕头。就在刘大肚子弯下腰去的时候,只听“轰”的一声,供桌一下子被炸翻了。烟雾中,供桌上的供品飞的飞,烂的烂,连旁边树上的黑老鸹也吓得扑棱着翅膀飞走了。

刘大肚子回家发现,密密麻麻的野蒺藜还扎满了他的半边身子,疼得爬也爬不起来了。给这一惊一吓,躺在床上迷迷糊糊地一会儿喊鬼来了,一会儿叫判官来了。墙外干活儿的乡亲们听了,开心地说,真是恶有恶报,善有善报,吃人饭不干人事的东西,老天爷都不会饶过他!

掩护八路军干部

转眼到了1940年，董存瑞已经12岁了。可南山堡的穷人更没好日子过了。日本鬼子隔三差五地来“扫荡”，按照他们烧光、杀光、抢光的“三光”政策，一进村不是杀人就是放火，搅和得老百姓不得安宁。

抬头见岗楼，迈步蹬公路。成群结队的鬼子兵打着“膏药”旗，耀武扬威横冲直撞。所到之处，无不是一派凄惨恐怖的景象。

望着笼罩着村庄的滚滚浓烟和鬼子留下的血腥气息，董存瑞满腔怒火，恨得咬牙切齿。

他站在大树下，头上戴着用柳枝扎制的帽圈，手里握着一块石头，幻想着要是自己也能像王主任那样，亲手杀上几个日本鬼子，该多过瘾！

在董存瑞的心里，王主任是最让他羡慕的人。

别看人家王主任很年轻，可这一带流传着很多他插入敌人心脏，打得敌人闻风丧胆的故事。他智勇双全，善于出奇制胜，是个叫鬼子闻风丧胆的英雄哩。

王主任，姓王名平，是龙(关)、延(庆)、怀(来)联合县抗日民主政府农民委员，还是三区区委书记兼武委会主任。王平生来大高个圆脸盘，长就一副魁梧的身材，头上扎着条白毛巾，腰间插把盒子枪。蹿房越脊，如履平地，更是枪枪不空的神枪手。据说有一回两名跟着鬼子扫荡的汉奸钻进院子里，发现窝里趴着一只鸡，便互相争抢起来，结果大个子的占了便宜，用老百姓的铁锅炖熟的时候，小个子的干瞅着，馋得嘴里直流口水。小个子越想越觉得不平衡，就想出个点子，喊：

“那不是王平吗？”

顿时吓得大个子汉奸拉了一裤的稀屎。

南山堡是游击区，王平穿来穿去，跟乡亲们不离左右。有时正吃饭，他出现在饭桌边；有时正干农活儿，他出现在地头。王平宣传抗日的道理，检查民兵工作，帮助没有劳力的村民抢耕抢收，样样干得十分出色。每次来到南山堡，董存瑞就像个尾巴似的一个劲地跟着他。一会儿摸摸王主任的盒子枪，一会儿又缠着让讲打鬼子的故事。

王主任也从心底喜欢这个机灵、活泼的孩子，所以每次来到南山堡，总是到董存瑞家落脚。

晚上乘凉的时候，王平还把自己琢磨的“绝活儿”教给小存瑞。像举石板、三步上墙、青石砸狗，不知练了多少回。

这年的秋天，庄稼都收了场，王平在南山堡布置秋后的坚壁清野工作。

董存瑞拾柴回来，一见王主任，高兴地又蹦又跳，扔下柴禾说：“你教的全练得差不多了，这回一定再教传我几招真功夫！”

王平知道小家伙爱学爱练，总想有一身硬功夫，就说：“没问题，等我检查完工作回来就教你。”

王平出门后，董存瑞突然心中一动，觉得王主任教的那招“青石砸狗”的办法太好了，人家民兵和区小队能用在山里打鬼子，那咱用到村里打鬼子不信就不行。

就这样，他爬到了屋檐上。

董存瑞又搬石头又搬砖，一番鼓捣，最后架好了足有十几斤重的石板。他纵身一跳落在地上，高兴地自我欣赏了一回。

这时，他脑子里浮现出开心的一幕：只见有个鬼子张牙舞爪地举起刺刀到处乱捅乱戳，结果触动了装置上的“机关”，立刻被砸得那家伙像杀猪一样“嗷嗷”地号叫了几声，一命呜呼……

“哈哈——狗日的！”

“存瑞,你一个人站在院子里笑个啥?”他的母亲从屋里走出来,正瞧见董存瑞独自眉开眼笑的神态。

“打狗,打狗,嘿嘿——”

董存瑞回了句让母亲丈二和尚摸不着头脑的话。他估摸王平这时该回来了,就急匆匆地朝门外跑去。

忽听听到有骡马銮铃的声音。接着村里有人大喊:“鬼子进村啦,乡亲们快进山躲起来!”话音未落,就听村外“砰——砰——”地响起了枪声。

“我跟你一块去找王主任!”母亲见情况紧急,也跟着董存瑞往门外跑。

他们刚跑了几步,就见王主任提着盒子枪,迎面跑过来。

原来,听到日本鬼子快进村的消息后,他赶紧组织民兵掩护群众转移。安排好后,他才抽身朝董存瑞家的方向撤退,结果,在门口碰上了董存瑞母子二人。

这时候,枪声和鬼子兵的喊叫声、战马的嘶鸣声连成了一片。

子弹打到墙头上,草叶“刷刷”往下飘落。

“敌人已经包围了村庄,咱们都出不去了。”董存瑞一看这情况,拽住王主任就跑进院子里。

“不行!”王平蹿上墙头观察了一遍全部地形,纵身落到存瑞面前,拉起他的手说:“鬼子马上要搜查。被他们发现了,会连累你全家的!”

董存瑞转身把大门闩上,不容商量地说:“出不去了,就躲在这里吧!”边说边指了指院里的菜窖。

王平摇摇头说:“隐蔽在这里更容易暴露,鬼子来了先翻菜窖,不行!”

“那就藏到柴禾垛里。”董存瑞搓搓双手,着急地说。

王平还是摇摇头,还是不同意。这时他一眼看见院墙旮旯里有几卷破席子,就提提手里的枪说:“我藏到这里边,记住,鬼子敲门你就开,沉住气,别害怕!万一敌人发现了,你赶忙闪开,先杀他几个再说!”

董存瑞忽然想气刚才完成的“杰作”,自信地选择了一个地方,然后帮着王主任藏到了破席筒里。

存瑞的母亲也急忙跑进羊圈里，铲出几锹羊粪撒到院子里，又把圈里的羊赶出来，接着转身进屋，又是抱柴禾又是点火，装成做饭的样子。

这时，“咔嚓——咔嚓”的皮鞋声从街头传来了。

“哐——哐——哐”的砸门声响了起来。

董存瑞回头看了一眼破席筒和低着头舔吃落在地上柴禾叶的羊们，走过去拉开了门闩。

“哗啦”一声，院门一下被推开了，董存瑞差点儿给搡个跟头。几个鬼子兵端着明晃晃的刺刀冲了进来，随后，有个挎着洋刀的鬼子军官走进了院里。

敌人们目光阴沉地瞪着董存瑞，恶狠狠地审视着董存瑞。

恐怖的气氛，使得空气快要凝固了。

突然，鬼子军官走到董存瑞跟前，伸出两个手指比了个“八”字，吼道：“小孩，这个的有？”

董存瑞故意打岔说：“手枪？没有！”

“什么手枪，八路——八路的！”鬼子军官龇牙咧嘴边说边比划。

“扒路？俺们山里人修路，不扒路！”董存瑞双手做一个刨地的姿势，又摆摆手。

这下把鬼子军官的鼻子都气歪了：“谁的，扒路！扛枪打仗的八路军，藏到什么地方的，说出来！”

董存瑞摇摇头说：“不知道啊，咱哪会知道八路、九路的！”

“八嘎呀噜！不说，死啦死啦的！”鬼子军官猛地抽出了军刀，在董存瑞面前晃来晃去。

“不知道就是不知道嘛！”董存瑞沉着地回答。

鬼子军官知道问不出什么，便狠狠地打了存瑞个嘴巴一挥手，指挥几个鬼子兵开始屋里屋外胡乱翻腾起来。

这群强盗，像疯狗一样，翻了菜窖，又掀草垛，锅碗瓢勺扔了满地，连炕洞都搜查遍了。一个鬼子兵给挑得“呱呱”乱飞的老母鸡扑哧了一脸屎，只好报告说：“八路的没有！”

鬼子军官还是不死心，他把军刀架在董存瑞的脖子上，作出砍杀的气势说:“死了死了的不怕?”

董存瑞把头扭到一边,理也不理这个魔鬼。

突然,鬼子军官发现了墙下有几卷破席子,他抽回军刀,向跟前走了几步。

董存瑞一看,紧张得心都要蹦出来了。他刚想去拦住,突然想起王主任嘱咐的话,马上又稳住了神,站在原地一动也不动,装作若无其事的样子。

鬼子军官被骚臭的气味逼得倒退了几步,看着乌亮的皮鞋踩了满脚的羊粪和刚撒下的羊尿。他猛地转身又回来了,他用军刀指指董存瑞,又指指席子卷问:“八路的,这里边的有?”

董存瑞蹲在地上,抱住一只小羊,意思是:你们爱咋样就咋样,这里根本没有你们要的人!

鬼子军官用刀背拍拍董存瑞的屁股:“你的,老实回答!”

董存瑞装成不耐烦的样子,几步跑过去,抱起一卷又破又脏的烂席子,摔到了鬼子军官跟前:“就这破席子,还能藏人!”

破席子扔到地上,灰尘“噗”地四散飞扬起来,一股刺鼻子的霉味,呛得鬼子军官后退了好几步。

一个手里举着“膏药”旗的鬼子兵不甘心一无所获,凑到鬼子军官跟前“叽里呱啦”地喊了一通,看那意思是要弄只羊回去,给他们打打牙祭。

鬼子军官听完后,高兴得眉开眼笑,鼻子下那块膏药胡子都要飞起来了。他朝鬼子兵挥了挥手:

“要的!要的!”

那鬼子兵撂下刺刀,挽起袖子,直冲大山羊扑去。山羊在前边跑,鬼子兵在后边追。

眼看大山羊要落入魔爪,董存瑞轻轻地叫了一声。

大山羊明白了主人的意思,猛地转身往墙根一跳。鬼子兵伸手只抓上一根羊腿,还没收住脚步,就被带了一个趔趄。

趴在地上的鬼子兵恼羞成怒,要拽过墙根下竹竿来打抽打山羊。

只听“呼隆”一声,竹竿倒了,牵带得屋檐上,落下一堆砖块和一块大石板,结结实实砸到鬼子头上。

那鬼子兵顿时鲜血直流，站立不稳，晃晃悠悠，叫唤了两声，栽倒在地上。

鬼子兵们一阵惊惶，乱哄哄地围了上去。有的拉着被砸倒的鬼子兵，有的又摸鼻子又摸胸口，一阵忙活。

一个鬼子兵转身向鬼子军官报告说，伤兵的伤势很重，还有一口气。

“八嘎呀噜！”鬼子军官一瞪眼，气哼哼地命令抬起伤兵，匆匆忙忙离开了南山堡……

给伤员送“干粮”

有一次，八路军在帽顶山打埋伏战，成功歼灭了日本鬼子一个小队和伪军一个中队，给敌伪力量造成重创。但是，敌人的增援部队就像捅了马蜂窝似的，集结起来，疯狂地进行了反扑。密集的炮火，在阵地上轰鸣；雨点一般的机枪、步枪子弹，扫了一遍又一遍，打得到处石屑飞溅，硝烟滚滚。

首长命令部队迅速转移到安全地带，等待新的战机，再给敌人杀他一个回马枪。有一名来不及撤走的伤员，按照王平的安排，暂时安顿进南山堡附近的山洞里。

“要保证子弟兵的安全，绝不能走漏一点儿消息！”王平嘱咐。

全村的乡亲们面对王平，一齐立下了誓言：南山堡人在，八路军战士就在。亲人为保卫我们老百姓洒下了鲜血，我们一定拼出生命来保护自己的亲人！

“王主任，你放心走，一准叫鬼子连人影子都看不见，瞎折腾去吧！”董存瑞从人群中挤过去，跟着一起举起了拳头。

队伍前脚走，敌人后脚就赶到了。日本鬼子找不到八路军战士，就把乡亲们包围起来，用枪托打，拿鞭子抽，千方百计要搞到伤员的下落。

乡亲们昂然挺胸，啥也不告诉鬼子。

硬的不行，他们就又来软的，端来大洋，举到乡亲们面前。说只要哪个肯讲出八路军伤员的下落,成捆的银元就归谁。可是,乡亲们没有一个人动摇。

敌人疯狂地折腾了半天,没有得到任何收获,可是又不甘心失败,只得带着大队人马开始拉网式的搜查。

满山遍野的敌人,挺着明晃晃的刺刀,时而拨开荆棘,时而插进石缝里,每天从清早一直折腾到黄昏,不知搜索了多少遍,也没能找到八路军伤员藏身的洞口。最后,日本鬼子用迫击炮对着山上,狂轰滥炸了一通,气匆匆地撤走了。

接着,刘大肚子带领留下的一队伪军,发狠地说,要让八路军伤员饿死在山上。

他们封锁了南山堡的村边、路口。在房前屋后,都安排了岗哨,严格盘查走过的行人。

刘大肚子得意洋洋,只要看着哪个不顺眼,他一句话,就把人给抓起来,关进他家的牢房里。

为八路军伤员的事,可急坏了乡亲们和村里的抗日骨干分子。他们悄悄地来到董存瑞家,聚在一起商量办法。

"人是铁,饭是钢,伤员同志已经三天没吃饭了,说啥也得给山上送些干粮。"

"都怪那天太急,连一个糠菜饼子都没能带进洞去。"

"就是有口水给伤员送去也好嘛,真是急死人了!"

大家七嘴八舌,议论了半天。依然没有一个人想出进山去送干粮的好办法。

街上的风声越来越紧了。不要说带东西,就是拿着鬼子发的"良民证"出村,也要受到严格的限制。

有时,黄狗子冷不丁就会冲到行人的面前,瞪着秃鹰一样凶恶的眼睛,找个茬儿把人带走,吊打审问。

刘大肚子还不解气,每天三遍站在街上,高声叫喊:"都他妈放明白了,哪个也别想藏掖东西出村,老子腰里的盒子炮,可不是吃素的!"

"叫山里的那个八路渴死,饿死,你刘老爷就等着到皇军那里请赏吧!"

——汉奸们啃着地主家送来的烧鸡,坐在村口的大槐树下,给刘大肚子拍马屁。

刘大肚子得意忘形地哈哈大笑:

"不领赏,不缺大洋花。老子就是要叫八路知道,刘大肚子是马王爷三只眼,让穷棒子们不敢龇鼻子上脸,往后别跟刘爷作对!"

这样相持了几天的时间,大家还是无计可施。有人提议,把窝头揣在怀里趁天黑的时候摸出去。

"万一被敌人发现了,往下再想办法,就更难了。"大家一致反对冒险。

董存瑞心里也很着急,不停地围着院子转来转去,忽然,他的目光扫向墙上挂着的猪尿脬,心中有了主意。

"有了!"他说。

"你个小孩子,还能想出啥好办法来?"母亲拉拉董存瑞的衣服,担心地问。

董存瑞回答:"这个办法,保准叫刘大肚子发现不了!"

中午时分,董存瑞用麻绳把尿脬拴了,就像手里牵着个大气球似的,一边在空中飘舞,一边跑向村口。后边的山娃子追着喊:"董存瑞,给我玩一玩大气球!"

"要玩,得看你能不能追上我!"董存瑞挥舞着尿脬,故意加快了脚步,把山娃子远远地甩在后边。

"哈哈!"迎面碰上趾高气扬的刘大肚子,拦住问:"兔崽子,往哪瞎跑?"

"我要去山上风大的地方放气球!"董存瑞使劲挥动手里的尿脬,弄得刘大肚子眼花缭乱。

"给老子回去,谁也不能出村!"刘大肚子瞪着鸡蛋眼珠子,气呼呼地扇动着腮帮子。

"刘大肚子,俺上山去玩,关你屁事!"董存瑞装出小孩耍赖的样子,冲着刘大肚子大喊大叫。

刘大肚子黑下脸来,拍了拍盒子炮:

"喊叫个屁,叫你小子吃枪子!"

"你吃枪子,你吃枪子!"董存瑞一屁股蹾在地下,大声地哭喊起来。

这时山娃子追上来，冷不防从董存瑞手里抢过猪尿脬，边跑边拍手："这回看你给不给我，这回看你给不给我，上山放气球去了！"

"还我！山娃子快还我！"董存瑞边擦眼泪，边朝着山娃子暗暗使眼色，示意他快点，往山上跑。

刘大肚子一见白白放跑了山娃子，抬腿要追。

董存瑞急中生智，奋力往刘大肚子身上贴去，嘴里不停地喊：

"你赔我气球，你拦我才给山娃子抢走的，你得赔我气球！"

刘大肚子气急败坏地朝董存瑞的屁股猛踹一脚，骂："滚，赔个球，自己去要吧！"

这下董存瑞更来劲了，对刘大肚子喊叫："是你不讲理，是你拦我，才叫山娃子抢走我的气球，你跟他要去！"

刘大肚子哭笑不得，指指已经跑远了的山娃子："你他妈为一个破尿脬，是有意跟老子过意不去不是，老爷这肚子能追上这个比兔子跑得还快的兔崽子吗？"

"你跑不动，赖谁？我要我的气球，你该赔！"

此时，董存瑞断定刘大肚子确实没有怀疑自己，也就不再跟他蛮缠，喊完便抬腿朝山上跑去。

成功骗过刘大肚子，董存瑞高兴得心眼都要蹦出来了，转眼就追到了事先约好碰头的一排大树下。他看见山娃子已经等在那里，尿脬丢在地上。

"存瑞，弄个臊烘烘的猪尿脬啥用？"他玩耍着从树下的坑坑里撩起一把积水，抛向空中。

"等会儿就知道了，你在树下放哨，留神刘大肚子和汉奸们的动静，有情况赶紧报告。"董存瑞说罢，脱下脚上的布鞋，三步并作两步爬上十几丈高的树梢。

原来这些大树上搭着十多个老鸹窝。没有多大工夫，董存瑞就从老鸹窝里面掏出了一堆老鸹蛋。

山娃子小心翼翼，把沉甸甸的老鸹蛋收成一堆，再用衣服兜起来。

"走，赶快给八路军伤员送去！"董存瑞拉起小伙伴，在树丛、山石间，左拐右弯，很快消失在远处的山沟里。

很快来到一个背阴处，董存瑞机警地朝四下搜索了一下，没发现任何可疑的迹象，立刻依照大人告诉的信号，用两块石头相互敲击了几下，接着唱起牧羊歌——

小羊小羊满山跑，
高高的山上多青草；
羊倌羊倌直喊叫：
为啥还不吃个饱？
……

歌声还没停止，只见在离水坑不远的石缝里伸出一根树枝，朝他俩摆动。

“叔叔，叔叔！”董存瑞急急忙忙跑上去，用劲推开一块石板。果然，眼前露出来一个黑乎乎的洞口。

“我俩给你送吃的来了，肚子饿坏了吧？”

八路军伤员爬了两步，一下子拉住董存瑞和山娃子的手，关切地问：“孩子，是乡亲们派你俩儿来的吧？”

“是，这几天，乡亲们一个个都急死了！”董存瑞回答。

“他们一时不会善罢甘休的，转告乡亲们，要做继续斗争下去的准备。”八路军伤员虚弱得喘了口气，说道。

“没事，有八路军，咱穷人不怕日本鬼子、狗汉奸！”山娃子挺起腰杆，拍了一下胸脯。

这时，董存瑞跑到洞下，在角落里排上石块，支起树棍，把尿脬里装上雨水和老鸹蛋，然后吊起来。

山娃子看着董存瑞的动作，恍然大悟，拽拽董存瑞衣角说：“存瑞，我去找些干柴来。”

“好，快去快回。”董存瑞吩咐一句，接着往尿脬里插进一根芦苇，用来排气。

不大会儿，山娃子从枯死的小树上折来一堆干树枝，抱进洞内。

柴禾燃起火来。袅袅的青烟，在他们头顶上缭绕。“噼噼啪啪”的响声不断。俩人不停地往上加柴，火越烧越旺，顿时映红了山洞。

火苗一蹿一蹿，像鲜红的舌头，舔着圆鼓鼓的猪尿脬。

芦苇渐渐发出细细的鸣叫，顷刻又变成了“突突突”的声音，里边的水沸腾起来。不大一会儿，热气把老鸹蛋的香味弥漫进幽深的山洞里。

老鸹蛋已经煮熟了，董存瑞赶紧递给了伤员。

伤员几天来第一次吃上了“干粮”。

伤员得救了！

三天后的拂晓，八路军杀回了南山堡。疯狂的敌人留下了一片尸体后，狼狈地逃向城里。南山堡重新回到了我抗日军民的手中。大家敲起鼓，打起锣，跑到大街上一起欢庆胜利。八路军首长走过来，握着董存瑞的手说：“小同志，多亏你救了咱们的八路军伤员！”

娃娃也要打鬼子

抗击侵略者的号角吹遍辽阔的察哈尔大地。到处是杀敌的炮火，到处是消灭豺狼的硝烟。

人民群众武装起来了！

孩子们组织起来了！

毗邻的杨家岭村、焦家沟村的孩子们成立了儿童团，站岗放哨查路条，抓汉奸……

董存瑞再也坐不住了。

"别村的孩子都组织起来了，咱咋能不行动！"董存瑞跟山娃子商量，"我要去找王主任。"

他要给王主任提个意见，为什么帮助他们成立儿童团，就不管我们南山堡的儿童？

董存瑞盼啊盼啊，盼星星盼月亮似的，可就是不见王主任的影子。

他独自望着山头上缥缈的白云，村头飞翔的小鸟，呆呆地出神。

寂寞了，他就找来了木头，又是用斧头砍，又是拿刀刮。他要做一杆漂亮的红缨枪。

董存瑞不停地忙活着，忽然，觉得有人在抚摩自己的头。

"孩子，我知道你在干什么！"

董存瑞听到一个亲切的声音，一抬头，王主任来了。

他扑上去喊："王主任，可把你给盼来了！"说完又似乎觉得心里一肚子的委屈，“哗哗”地流出眼泪来。

“存瑞，我知道你在等我，看，我这不找你来了吗？”王平边说边拉着董存瑞的手，往南山堡走去。

“王主任，我也要打日本鬼子去！”董存瑞抹抹眼泪，请求道。

“行呀！”王平笑哈哈地说，“先告诉我，怎么个打法？”

“用枪呗，要是没有钢枪，就用红缨枪！”董存瑞来了精神，做了一个厮杀的姿势。

“那么你不怕？鬼子汉奸死了死了的！”王平做了一个刀砍脖子的动作。

“鬼子是狗强盗，有什么可怕的！”

“但是你还小啊，连枪都扛不起来呢，还怎么跟鬼子打仗！”

听王平这么一说，董存瑞着急了：

“小怎么啦，小就不能抗日啦！”

王平望着倔强勇敢的董存瑞，使劲攥了攥他的小手，一起来到一个僻静的地方坐下：

“有志气，先谈谈你抗日的想法吧。”

“我们南山堡的孩子也要组织起来成立儿童团，配合民兵打日本鬼子打汉奸！”董存瑞说起话来干脆利落，像蹦豆似的。

王平认真地说：“好，今天我就是为这事来的。这样吧，傍晚你把够条件的孩子都找来，我们开个会。”

“真的！”董存瑞听完了王主任的吩咐后，双腿一碰回了个敬礼，“保证完成任务！”

夜幕降临了，山村的夜晚静悄悄的。

董存瑞拿着一根火香照路，挨家挨户地走，挨家挨户地串，从村东头走到村西头。

二十多个孩子集合齐了。

点起小油灯，王主任讲述了全国的抗战形势和成立儿童团的意义。并且告诉孩子们，日本帝国主义已经猖狂不了几天啦，但是，越是垂死的敌人就越是挣扎。因此，要动员一切力量来打击他们，消灭他们。把他们彻底埋葬在人民战争的汪洋大海之中。

孩子们一个个兴奋得像小老虎似的又蹦又跳。他们喊道：“我们一定要组织起来，打倒日本帝国主义，消灭狗汉奸，早点解放全中国！”

王平欣慰地望着这一张张豪情万丈，斗志昂扬的娃娃脸，接着说：“下边我们的任务，就是开始选举儿童团长。大伙先议论议论，看谁最合适？”

“董存瑞！”山娃子率先喊了一句。

“对，选董存瑞，他大胆心细办法多！”

“董存瑞当团长，能带领咱们跟狗日本鬼子干！”

见大伙儿一致推选董存瑞，王平笑着对董存瑞说：“你这个儿童团长开始上任了，对大伙说几句吧。”

董存瑞面对大伙儿的信任，激动地站起来，挺挺胸脯说：

“儿童团员就是抗日小八路，怕死就不当儿童团员！”

董存瑞的话虽短，可代表了小伙伴们的心声。

山娃子第一个拍了一下巴掌，于是，小伙伴们一起鼓起掌来。

董存瑞见大伙儿直给他鼓掌，也给大伙儿鼓起掌来。

看看天色还早，董存瑞向王主任请示：“王主任，我们儿童团今天成立，你能给大家讲段抗日英雄的故事吗？”

王主任高兴地说：“你这个儿童团长，我啥时候说过不给咱们儿童团员讲抗日的故事啦？”

大伙儿见王主任的表情在顷刻间变得异样地庄严而肃穆，他说：

“就讲讲咱们三区石主任的故事吧！”

石主任，是三区的第一任区委书记。在乡亲们的心目中，威信非常高。他经常单枪匹马出击，深入敌伪家属家中做工作，对他们宣传同仇敌忾、誓死不当亡国奴的道理。从而有效地瓦解了敌人的力量，涣散了敌人的斗志。不久，一大批敌伪人员脱离黑暗，投向了光明。

他还闯入虎穴，“拔钉子”，杀铁杆儿汉奸，屡建战功，搅得敌人不得安宁。

有一次，石主任通过情报人员得知，鬼子汉奸出去扫荡了，据点内力量空虚，只剩下七八个敌人。

太阳还没有落山，他化妆成送菜的菜农，左肩背着粪筐，右肩挑着菜担子，边拾粪边靠近敌人的营房。

敌人老远就大声叫喊,要他停下。

石主任撂下青菜担子,亮出两只烧鸡和一坛老酒,说:“这是给炮楼里送的青菜,这是特意犒劳各位老总的好酒好肉,要是怀疑咱良民百姓,对不起,那就带回去了!”

那些敌人巴不得遇上这等好事,有酒喝还有肉吃,哪里肯放过,连忙喊:“哎,慢走慢走!”

石主任被领进屋里,一个伪军头目模样的敌人,满脸狐疑地盯着石主任,问:“我说小子,这些烧鸡酒该不是白吃白喝的吧?”

“那当然!”石主任也不示弱,顶了他一句。

“说,想干什么?”那家伙贼眉倒竖,凶神恶煞,“是不是八路的探子!”

石主任机灵一动,连忙把捡牛粪的筐子提了提,小声说:“老总,我要是探子,干吗给你送酒送烧鸡?悄悄地来不就行了!我说老总,你咋看不出咱有个小小请求呢?”

伪军班长仰起鼻子,牛气烘烘地说:“老子料到没有白孝敬神仙的香火,说!”

石主任故意作出很巴结的样子:“咱就是图得捡点儿太君的马粪。再说,你们留着也没有啥用。可咱种水菜就稀罕这玩意儿,没肥它不肯长!”

敌头目这时乐得送个便宜人情,就说:“好吧,厩里喂养了几匹战马,有的是马粪,只要你小子不忘老子的好处,让你捡个够!”

石主任心里骂,你狗东西连自己是中国人都忘了!但他嘴上应付:“那是那是,以后来拾粪,保险给老总们表示点儿意思……”

石主任拾了一遭马粪,掌握了鬼子据点里的地形。等到天黑下来,他猛然左转右拐,摸进伪军营房。

有酒有肉,那些伪军们馋得直流口水,如同野狗抢食一般,围拢一起,又撕又灌,转眼间喝得烂醉如泥。有的瘫倒在床上。有的卧在地下。伪军头目喊值班哨兵:“你他妈酒……酒也……喝了,给老子站……站岗去!”

其实,他们的身子早不听使唤了。

见时机已经成熟,石主任一抖手,从粪筐内拽出了盒子枪,破门而进。

“不许动！”他大喊一声。

“你、你是谁?”

“八路军区主任，听我命令，都把手枪扔到地下！”

面对乌黑的枪口，伪军们清醒一些的，吓傻了眼，乖乖把枪丢在地上；人事不醒的，呼呼大睡。只有醉醺醺的伪军班长把枪摸在手中，妄图进行反抗。说时迟那时快，石主任猛地飞起一脚，踢在这家伙的手腕上。顿时，疼得他抖着手，“哇哇”直叫。

石主任教训他：

“看在你是中国人份上，给你留条狗命。如果再执迷不悟，死心塌地效命日本鬼子，自己小心吃饭的脑袋！”

伪军头目蔫了，伪军们也一齐趴在地上磕头如捣蒜一般，直喊：“八路饶命！八路饶命！”

这时，石主任却趁机把七八支手枪敛进粪筐里锁上房门，快步离开了据点，奔向区小队……

这下惹恼了日本鬼子，他们把石主任看成眼中钉，肉中刺，千方百计想抓住石主任。

1941 年隆冬的一个深夜，石主任在八宝山煤矿的一座工棚里布置抗战工作时，被叛徒出卖了。日本鬼子和特务一起出动，像恶狼一样扑来。

呼啸的寒风，杂乱的脚步声，明晃晃的刺刀，打破了矿区的安静。石主任面对敌人的包围，毫无惧色。他坦然地掀开破旧的草门帘，对外面的敌人说了声“走”，就大步流星向前走去。

“你的，被捕了！”敌人指着刑具说。

“你们这群强盗在中国横行霸道，烧杀抢掠。总有一天，你们会受到中国人民的惩罚，你们是不会有好下场的！”石主任横眉冷对凶恶的敌人。

敌人干笑着说：“不管怎么说，石主任已经落到了皇军手里。有道是‘人不为己，天诛地灭’，你为了那些穷老百姓出生入死，有啥好处！”

“好处？豺狼当道，杀我同胞，毁我家园，我们中国人民还用奢望得到好处吗?”

敌人不甘心,还是妄想引诱石主任投降变节,端来了金条、钞票,举到他面前:

“石先生,只要肯和皇军合作,金条、钞票,大大的有!”

“我们抗日干部为的是救中国。贪图荣华富贵的只有汉奸!”石主任大义凛然地说,看也不看就把金条、钞票打翻在地。

敌人见金钱动摇不了石主任,又让叛徒用官位来劝降他。

那个叛徒凑上前,干咳了一下嗓子:“石主任,识时务者为俊杰,只要你对皇军点个头,要官给官,享不尽的富贵荣华。有道是人生苦短,你何必这么死心眼呢!”

石主任挥手打了那叛徒一记响亮的耳光,怒目相向:

“你这条断了脊梁的癞皮狗,贪生怕死,贪图荣华,对敌人摇尾乞怜。难道别人也和你一样不成!”

叛徒捂着腮帮子哆哆嗦嗦地说:“你,你就不怕死?”

打手们如狼似虎,挥舞着皮鞭问:“说,怕死不怕死?”

石主任蔑视着敌人,微微一笑:

“怕死就不革命,革命就不怕死。我们共产党人,早已将个人生死置之度外,要杀要剐,随你的便!”

敌人用皮鞭抽他,给他压杠子,灌辣椒水,石主任的棉衣都让鲜血浸透了,最后昏倒在地上。

敌人用凉水泼在他身上,石主任苏醒过来,高唱“大刀向鬼子们的头上砍去,全国爱国的同胞们,抗战的一天来到了!”

敌人知道石主任绝对不会屈服于他们,就用钉子将两块木板钉在他脚上,逼他在雪地上走。

石主任昂首挺胸,一步一步向前走去,身后的雪地上留下两行鲜红的脚印。

石主任英勇就义的故事讲完了,静悄悄的,没有一个人说话。

王平高高地举起拳头,对孩子们讲道:“成千成万的先烈,为了人民的利益,在我们的前头英勇地牺牲了。让我们高举起他们的旗帜,踏着他们的血迹前进吧!”

“坚决打倒日本鬼子,为石主任报仇!为先烈们报仇雪恨!”董存瑞和他的小伙伴们的眼里含着泪花,发出了誓言。

从此后,董存瑞带领着南山堡的儿童团员们站岗、放哨,还经常为抗日组织送鸡毛信,送十万火急的“火柴信”。他机灵、大胆,多次巧妙地躲过敌人的盘查,出色地完成了任务。

有一天,天空下着瓢泼大雨,隆隆的雷声从乌云中滚来滚去。

有位小伙伴望着劈天裂地的闪电,说:“这么大雨,就别放哨了。”

董存瑞说:“越是这种天气,越要小心。”

他们披上蓑衣,刚刚站到山冈上,就发现前面有一股敌人,正朝南山堡扑来。走在前面的伪军队长喊:“快,马上就要到了。把南山堡包围起来,血洗南山堡!”

另一个敌人喊:“机枪前面去,架到村口上!”

这时,乡亲们还在睡梦中,不知道危险已经悄悄降临到了他们头上!

“存瑞,你说咋办?”山娃子凑到董存瑞的跟前问。

“别着急。”董存瑞借着闪电数了数,有几十个敌人。由于前面的一段山坡又陡又滑,非常难走。敌人的行动很慢,不时有的摔倒了,有的滑下去。

气得伪军队长大骂:

“真他妈饭桶!”

一个伪军顶了句:“队长你不是饭桶,你不也摔倒了!”

伪军队长狠狠地踹了那个伪军一脚。

山娃子“扑哧”一笑。董存瑞赶紧拽了拽他,用手势比画了一下,意思是:

山娃子赶快回村报信,其他的儿童团员准备石头。今天夜里,给敌人一次教训!

借着闪电,他们很快就捡起一堆石头,排列在阵地上,目不转睛地盯着前方摸索过来的敌人。

十丈……八丈……六丈……敌人接近了他们埋伏的位置,董存瑞率先把石头投了出去。接着,儿童团员们一通猛砸。一块一块石头,就像冰雹一般,落到敌人的头上。

两个伪军当场毙命。有一个狂呼乱喊:“八路打炮啦!八路打炮啦!”

伪军队长呵斥:“混蛋,哪来的炮!”朝前方放了一枪。

于是,伪军们趴下胡乱打了一通枪,机枪也咆哮起来。

吃了一群娃娃的飞石亏,一会儿就没有了动静。敌人这才壮起胆子,一阵猛追。但是,没追赶多远,敌人就泄气了,根本就没见到儿童团员们的影子。

董存瑞非常熟悉这儿的地形地貌,腿脚又灵巧,带着大家转来转去,很快就撤出了战斗。

乡亲们得到了敌人袭击南山堡的消息,立刻行动,转移到了安全的地方,让敌人白白扑了一个空。

我要当民兵

董存瑞就像地里的庄稼，渐渐长大了。

中秋节的那天，母亲给了董存瑞一块月饼，董存瑞舍不得吃，他悄悄地把月饼藏了起来。他要把月饼送给一个人，那就是他心目中的偶像——王主任。

一天后晌，董存瑞正在村口放哨，恰巧碰上一个三区的干部。他拉住人家就问：

"叔叔，王主任咋好几天不来南山堡啦？"

那个干部张了张嘴，半晌无语。

"叔叔，王主任到底怎么啦？"

"王主任——已经英勇牺牲了！"

"啊？"董存瑞和他的小伙伴们，简直不敢相信这样的事实。

他们的目光中充满仇恨的怒火，紧紧握住拳头听完那位区干部讲述王主任牺牲的经过：

农历8月18的那天，王主任和县里的郭科长在常庄子忙完工作后，已经是后半夜了。为了安全，他们转移到了常寨子，刚要上床休息，突然传来一声枪响。

"有情况！"他们迅速翻身跳出窗外，闪在老槐树后边。

此刻，月光朦胧，三面的山头上依稀晃动着敌人的影子。他们已经包围了常寨子村，鬼鬼祟祟朝这边包抄过来。

很快，就听到了枪械的碰击声和“橐橐”的脚步声，气氛异常的紧张。

“村南头还没有动静，我们从村南口冲出去！”王主任说完，就和郭科长提枪朝村南的方向突围。

他们翻过几个墙头，刚到村南口，就发现敌人已有准备，并架设机枪封锁住了这条唯一的通道。

汉奸从掩体后边爬出来，探头探脑地朝村中喊：“土八路，投降吧！你们被包围啦！”

王主任抬手给了那家伙一枪，敌人应声倒地。

敌人的机枪发疯了，长长的火舌，雨点一般密集的子弹，打起一片烟尘。

王主任和郭科长蹲在土墙下面，借着墙洞射击了一会儿，敌人却越来越多。

“郭科长我来掩护，你冲出去！”

“王主任我来掩护，你冲出去！”

他们相互争执着，希望对方能够有机会摆脱敌人的纠缠。

但是，他们轮番试着冲了几次，每次都被强大的火力压制回来。

敌人的火力正连绵不断地朝这边聚集，机枪、步枪，交叉着向这边扫射。从暴风骤雨般的枪声中断定，突围，已经越来越困难了。

“拼了！”

“拼了！”

王主任和郭科长打了一梭子子弹，退到附近一间空房里与敌人对峙。

敌人一见就两个八路，迅速把这间房子团团围了起来。子弹从门缝里、窗口里，不停地射进来。墙壁上刷刷地落着泥土。墙根的基石上飞溅着子弹打出的火星。

打了有一顿饭的工夫，王主任、郭科长打光了枪膛里的最后一颗子弹。

敌人也停止了射击。

从门缝朝外望去，到处都是黑洞洞的枪口和敌人趴在地下晃动的脑袋。夜晚变得死一般地寂静。

“投降吧，你们没有子弹啦！”

“再不出来，我们就冲过去啦！”

——敌人得意地喊着。

但是，没有回应。

顿时，敌人纷纷像疯狗似的蹿出来，朝空房里扑去。敌人一进门就吓傻了，只见王主任和郭科长抱在一起，王主任手里举着一颗“嗤嗤”冒着白烟的手榴弹……

泪水，从董存瑞的脸上爬下来。

他常常独自沉默地对着远处的大山，心里絮叨：石主任牺牲了，王主任又牺牲了……

不行！我已经长大了，我要……

一天晚上，南山堡的民兵集合后，悄悄地离开了村子。

满天星辰，四处黑黝黝的，周围高高低低的丘陵，在人们的视野里影影绰绰、模模糊糊。

队伍走出村口不远，民兵指导员发现后面有个人影，不紧不慢，总和队伍保持着一定的距离。

“谁？”指导员一猫腰，迅速隐藏在树丛里，等到身后的人跟上来了，他突然站出来低声问道。

“我！”

“董存瑞！你咋跟来啦？”指导员严肃地问他。

“我也要当民兵，打日本鬼子汉奸！”

“瞎胡闹，娃娃！”指导员瞧着这个倔强的孩子，真是又爱又气。前几天，董存瑞就跟在屁股后面泡“蘑菇”，非要参加民兵不可。指导员劝了半天他也不听，只好说了句：“好吧，等民兵出去活动时带上你先锻炼锻炼！”

“你说话不算数，你说好民兵活动的时候带我锻炼锻炼，可你出去好几次了，也不告诉我！”董存瑞噘着嘴巴说。

看了看前面正在行进的队伍，指导员说：

“好吧，可有一条，服从命令听指挥，绝不能由着性子来！”

“是，保证服从命令听指挥！”

——董存瑞一听指导员同意他跟着去，高兴地回答。

有个老民兵开玩笑说："要是娃娃也能当民兵，跟鬼子打仗，还要我们大人干啥！"

董存瑞听了，一挺胸脯问："你说谁是娃娃？再长两年比你矮到哪去啦？到那时打日本鬼子，咱比试比试！"

大家都笑了。

队伍大约走了半个时辰，在一条公路边停下来。民兵的这次行动，是执行破坏敌人的通信线路、公路和桥梁等任务，通常称为"破交"。

指导员对董存瑞说："队伍在这里'破交'，你的任务是在前面山坡上放哨，一有情况立即报告！"

董存瑞学着民兵们的样子，打了一个敬礼，说："坚决完成任务！"

董存瑞站在冷飕飕的夜风里，紧握手里的红缨枪，警惕地观察着四周。

那边"破交"的民兵紧张地忙活着。传来"空空"的刨土声。

附近的山沟里，狼群在嗥叫。

指导员几次过来了解情况，问他："害怕吗？"

董存瑞回答："放心指导员，不怕！狼来了——红缨枪捅它；敌人来了——咱们一块儿干掉他！"

天将破晓，"破交"任务完成了。

回村后，民兵队长和指导员一齐拍着董存瑞的肩头说：

"好孩子，表现十分出色，像个民兵的样子。后天我们还有一次任务，给你项任务敢不敢接？"

"只要打鬼子，没有不敢的！"董存瑞毫不犹豫地答应道。

后天，民兵要去安营堡附近"破交"。安营堡是敌人的据点，为了防止敌人出来骚扰，队长要董存瑞和另外一个民兵去给敌人送假情报，以便稳住敌人。

夜幕降临，董存瑞便跟随队伍出发了。

走到离安营堡五里路的地方，董存瑞和另一位民兵悄悄离开了队伍，一前一后，快速奔向安营堡据点外的一个炮楼。

在即将靠近炮楼的地方，他们潜伏下来，屏住呼吸，仔细侦察周围的情况。

“你看,寨门紧闭。咱咋能进去?”董存瑞凑近那个民兵问。此刻,炮楼上有两个端着枪的伪军来回晃动着。刺刀在月光下闪着寒光。

“沉住气,见机行事。”那个民兵低声嘱咐道。

董存瑞点了点头,躬身盯着敌人的一行一动。

趁敌人低头抽烟的机会,他们迅速跃上公路,然后,大摇大摆地向炮楼走去。

炮楼上的伪军发现有人过来,“哗啦”一拉枪栓,吼道:

“站住,干什么的?”

“老总,俺们是送情报的,赶紧放吊桥吧!”

“哪个村的?”

“永安村。”

“永安村的人我都认识,怎么瞧着你面生呀?”一个伪军用手电往下照,咋咋唬唬地说。

“老总你健忘,俺们来过好几次啦!”董存瑞学着大人的腔调,不慌不忙地回答。

“放吊桥不行,上级有命令。你们过来一个人,把情报放进去!”一个伪军边说边把系着一个口袋的绳子从炮楼上放了下来。

董存瑞走过去,把信放进了口袋里。他仰着脸喊道:“老总,放好啦!”

伪军哨兵把绳子拽上去,掏出信来,借着手电光看了看,嘟囔着说:“他妈的,又是太平无事,天天平安无事,可明八路暗八路天天闹事,闹得我们日夜不安宁。我看八成是假情报吧!”

“这是李保长亲自让我们送来的,错不了!”董存瑞说。

两个伪军知道,永安村的李保长是个铁杆汉奸,他派人送来的情报大概假不了,便摆摆手说:“好啦,回去吧!”

“俺们临来时,李保长叫问问老总,有什么话捎回去呀?”董存瑞跟敌人套近乎,故意拖延时间。

只听一个伪军和另一个伪军悄悄地说:“喂,你和他家的小妞不是老相好,好了好长时间了吗?你也好长时间没去看人家了,干脆捎个口信给小妞,就说过两天去看他。”

这时，炮楼上突然放大了嗓门，一个喊："告诉他准备两瓶好酒，回头我们去喝！"

另一个喊："你，你告诉小妞，有空就去看她。"

"放心，他们家的小妞酿了一坛好酒，等着你们哪！"

董存瑞转身跟那个民兵离开了炮楼。回头见两个伪军背过身去了，他们就一猫腰又隐蔽进附近的树丛里，继续监视敌人的动静。一直等到队伍胜利完成"破交"任务后，他们才返回村里。

董存瑞此次表现很出色，经武委会研究，改选了儿童团长，董存瑞当上了正式民兵。

造 枪

董存瑞自从当上民兵后，整天乐得合不上嘴，连走路都是雄赳赳气昂昂的样子。

一天，他到田间跟着家里的大人干活儿回来，就缠着大胡子民兵叔叔教他打枪、投手榴弹、埋地雷……

大胡子摸摸董存瑞的头说："那咱就教战友三手吧。不过，啥事都要一步一步来，下真功夫，这样才能把本领学好。"

董存瑞趁机摸摸他的钢枪，请求说："先教咱学打枪。"

"万事开头难，那今天就先教用枪的要领。"大胡子详详细细地给他指点起来。

一个认真地教，一个认真地学，董存瑞的进步很快。他按照要求，擦枪，装子弹，瞄准射击……练啊练啊，忘了回家睡觉。嘴里还不停地絮叨："人家老民兵们多带劲，手中都有真家伙！"

时间已经很晚了，大胡子民兵问："董存瑞，公鸡都打鸣了，还不回家歇息？"

这时已经到了后半夜的时间，月光西沉，天上的星星也渐渐寥落下去。

大胡子疲乏地背起钢枪，打着哈欠走出院子。

走到家门口时，他发觉背后有人，一路急匆匆地跑过来。

"谁？"

“我!”

“干啥,赶紧回去睡觉!”

“人家有事要跟你说。”

“啥事?”

“……”董存瑞凑上去,恋恋不舍地摸一把枪托,“你的枪,借我练两天行吗?”

“啥,啥……借枪?”大胡子望着这个小家伙,感到既惊讶又高兴。

“是啊,借你的枪,练练功夫!”董存瑞边说边上来摘他的枪。

“真借?”

“真借!”

“把枪交给你?”

“是……是……”董存瑞激动得话也说不利落了。

大胡子一用手,护住了背在肩上的钢枪,黑下脸来说:“借……借,也不怕嘴里飞进屎壳郎去——没门!”

董存瑞觉得自己碰了一鼻子灰,便气匆匆地走回家去。

董存瑞躺在床上,梦见自己得了一杆钢枪。他神气地扛在肩上,走呀走呀。忽然,前方来了一群日本鬼子。他立即卧倒,趴在山头上,瞄准了敌人的脑袋。“叭”的一枪,撂倒了一个;“叭”的一枪,又撂倒了一个!敌人被打得晕头转向,东倒西歪,躺倒了一片。剩下最后一个鬼子,从地上爬起来,战战兢兢跪在地上直磕头:“八路饶命!八路饶命!”他高兴得又蹦又跳。从梦中醒来,原来自己还在被窝里。

第二天,董存瑞依然在生大胡子的气,心想,这家伙太抠门,不就只是借两天吗,保证到时还你还不成!

中午,董存瑞坐在自家门前,低头想心事。

“董存瑞……你看!”

听到喊声,董存瑞抬起头来。

“弹弓子!弹弓子!”山娃子炫耀地拿着一把新做的弹弓子,一蹦一跳地来到董存瑞面前。

董存瑞看了看,淡淡地说:“玩的玩意!”

山娃子对董存瑞的表情不满意,大声地说:“你别小看这玩意?厉害着呢!”

说时迟那时快,只见他一挥手,“嗖”的一声,一颗石子飞向了树梢。

随即,一个大马蜂窝摔落了下来。

董存瑞顿时眼睛一亮,问:“山娃子,什么时候练成的?”

“这些天呗!俺们儿童团员鼓足了劲头,练打弹弓子,练投石头。有了真本事,以后当民兵!”

董存瑞拿过弹弓子,仔细端量了一阵,问:“皮筋是哪来的?”

山娃子把脸一仰,神气地回答:“我去二姑家里,顺便从公路边的水沟里捡了一条鬼子扔的汽车胎。咋样,不赖吧?”

“不赖,真有你的!”董存瑞使劲儿擂了山娃子一拳。

“走,也给你拉几条皮筋去!”山娃子拉起董存瑞,朝他们家跑去。

董存瑞从山娃子用弹弓子打蜂窝这件事情上得到了启发。他想,我一定要琢磨出一件武器来,用它打日本鬼子。

“不是做弹弓子,”董存瑞拿着皮筋,兴奋得眼泪都快流出来了,“我要做一杆枪!”

此那天开始,连续几个晚上人们都没有看到董存瑞的影子。

大胡子问:“董存瑞干啥去了!”

大家摇摇头说:“不知道。”

“这小家伙,没准还生我的气呢!”大胡子从田里回来,见天色还早,撂下农具便朝董存瑞家走去。

很远,就听到一阵剁砍木料的声音,从他家的院墙里传来。原来董存瑞蹲在院子里,正在专心致志地造“枪”。这时他已经把竹竿穿空后固定在了木板上,并且用皮筋做动力,做成了发射装置。这样做出来后,样子很像枪。

“哈哈,”大胡子站在门外乐了,“还蛮有鬼点子!”

董存瑞蹲在院子里,开始用高粱莛儿粘油泥,粘好后插上钉子,做成了“子弹”。不过这子弹很长,跟箭差不多。

做好这一切后,董存瑞开始校正射击精度。他对着墙上的老鼠洞,通过反复射击来调整上面的准星。一次,两次……终于满意了。

“好小子,真有你的,不但勇敢而且很有头脑!”大胡子民兵高声赞许道。

董存瑞见是大胡子，高兴得早已忘了生气的事，赶忙跑过来说："大胡子叔叔，你得提提意见，看我制作的这支枪能行吗？"

"有股子钻劲，费了不少脑筋吧？"大胡子接过"枪"来端详了一番说，"明天我一定报告队长，表扬你。"

董存瑞听这么一说，反而觉得不好意思起来，擦擦脸上的汗水说："费劲倒是没费劲，就是给枪想的！"

不久，董存瑞的枪竟然发挥了重要作用。

那天，根据区委得到的情报，八路军游击队在山那边同鬼子展开一场战斗，已经持续三天了，伤亡惨重的敌人不甘心失败，派来了给养车。他们企图借夜幕的掩护，在我抗日军民的眼皮底下过去。区委要求，必须在天黑前，挖好陷坑，阻断敌人的道路，然后消灭他们。

民兵中队接到任务后，决定在敌人的必经之路上采取措施。

不大工夫，全队民兵集合到了预定地点，按照分工，有的负责挖坑，有的负责把挖出来的泥土运走，有的准备伪装路面。这时，队长命令：

"存瑞，你到山包上面的灌木丛里隐蔽，有情况立刻报告！"

"是，队长！"董存瑞握起他的枪，像只敏捷的小麻雀，蹿腾跳跃，转眼就消失在隐蔽地点内。

此时，烈日当空，骄阳似火，老天爷好像有意把大地烤焦了似的，不见一朵云彩，没有一丝的风。

董存瑞趴在茂密的灌木丛里，汗水从脸上不停地往下流。但是作为一名勇敢的民兵战士，他一直一动也不动地注视着前方。

"丁零——丁零——"忽然从那边传来一阵刺耳的铃声。

"有情况！"

——董存瑞立刻警觉起来。

果然，铁杆汉奸李保长出现了。这家伙骑着他日本老子赏给的自行车，耀武扬威地由远而近。

"狗汉奸！"董存瑞赶紧抓住手中的枪，目不转睛地盯着车轱辘，险些喊出声来。

面前的情况十分危急。如果报告队长派人在山包前来射杀，枪声肯定会引来炮楼里的敌人，不行；如果不杀了他，李保长行驶到山包后,发现了我们的行动一开枪,同样等于给鬼子报信,肯定也不行。这次行动一旦出现问题,就会影响到山那边的战斗,给游击部队造成沉重的军事压力。再说,现在向队长报告情况,也已经来不及了。

董存瑞急得心脏都快要跳到嗓子眼了。他第一次感受到了自己身上的责任是如此重大,甚至直接关系到整个战斗胜利。

时间在分秒不停地过去,李保长越来越近了。

"来就来吧,今天一定要收拾你这个老狗,让你知道知道厉害!"

董存瑞仔细看好了周围的地势,沿着一条弯曲的流水沟,猫腰跑了下去。

"喵——嗷——喵——嗷——"董存瑞绕到李保长背后,趴着学起山猫的嗥叫声。

"他妈的叫个啥,瘆得老子头皮一炸一炸的!"李保长跳下车子,扭过头来一通咋呼。他知道自己作恶太多,按照当地的迷信说法是,坏人听到山猫子叫唤,就要遭到报应,是一种不祥之兆。

恰在这时,董存瑞扳动了"枪机",高粱莛儿在日头照耀下一闪,向前方划出一道白光。

"呀!呀!呀!"李保长鬼哭狼嚎一般喊叫着,栽倒在地上。自行车也滚到了一边去。

董存瑞开心地望着这个坏蛋,那颗"子弹"不偏不倚,正射在老汉奸的右眼上,一寸多长的尖钉子深深地扎入了眼球,鲜血流了一脸。

"存瑞,咱们走吧。"这时,队长出现在背后,拍着董存瑞的肩膀。

"队长,你咋过来了?"董存瑞惊喜地问。

"孩子,我一直在你的左右。"队长满意地说,"今天,靠了你的勇敢,也靠了你的'枪',你的任务完成的十分出色。"

董存瑞望着啥也顾不得了的李保长丢下自行车,跌跌撞撞地朝老巢逃去,不放心地问:"队长,李保长他不会给鬼子报信去吧?"

"不会,"队长很有把握地说,"他现在忙的是保命,肯定找郎中去了。"

在战斗中成长

在民兵队伍里，董存瑞像个小老虎似的，浑身的劲头使不完。跟着大家“破交”，割敌人的电线，干得可上劲儿了。可时间一长，他又沉不住气了。

“队长，”有一天，他拉着民兵队长的胳膊追问，“咱们啥时候才能和日本鬼子汉奸面对面的干呢？”

“着急啦，我们‘破交’，割鬼子的电线，就是为了配合大部队打鬼子。可不能小看咱们民兵的作用啊！”队长告诉他。

大胡子走过来，跟他开玩笑：“董存瑞，你是造枪专家，还射瞎了保长的眼，干得满不赖嘛！”

董存瑞听了，嘴巴撅得高高的，问他：“不赖又怎么啦，难道它能当真枪使？”

大胡子知道话里有话，接着逗他说：“你别说，那天如果用真枪，就还对付不了李保长那个坏蛋。瞧着吧，就凭你这劲头，没准哪天能够得一杆钢枪。”

董存瑞挥起拳头，说：“跟日本鬼子打仗，咱没说的！”

不久，区里指示民兵中队去伏击鬼子军官龟田大佐，打击一下敌人的嚣张气焰，行动地点选定在沙城外围。

队长说：“存瑞，由你来担任放哨任务。”

“报告队长，给我一杆枪吧，放哨也得有真家伙呀！”

全队民兵见他说话叫真的样子，就故意神气活现地对着他，把枪扛在肩上。

队长说："我们枪支有限，发给你颗手榴弹。记住，不到万不得已，千万别乱用！"

"是哪，这可是真家伙！"大胡子嘿嘿一笑，故意朝董存瑞挤眼儿。

"得得，人家队长可不像你那么抠门。那天借你的枪，不过是练两天，一个面子都不肯给咱！"

大胡子还要说啥，队长命令队伍出发了。民兵们沿着山脚下的小路向沙城扑去。

董存瑞紧紧握着手榴弹，一路小跑，迅速赶到队长指定的哨位，悄悄隐蔽起来。

眼前的沙城，笼罩在阴森恐怖的气氛之中。只见炮楼耸立，战壕纵横，铁丝网内有巡逻的鬼子兵走过，城墙上站岗的伪军不停呵斥着刚从村寨里拉来的民夫，强迫他们挖壕沟，设鹿砦。很多的民房被野蛮地拆毁了，有的已经掀掉了房瓦，有的抽掉了檩条儿，土墙一片一片地躺在地上，剩下一片废墟。

有位白发苍苍的老大妈，抱起一抱烂衣服，含着眼泪，让强盗赶出家门。老大妈稍微走慢了几步，一个日本鬼子冲过来，举起枪托子，劈头盖脸地砸下来。老大娘一声没吭，就栽倒了，额头上的鲜血"突突"直冒。

穷凶极恶的日本鬼子仍然不肯罢休，高声呵斥："开路开路的，死了死了的！"

这时，一位年轻妇女哭喊着跑来，抱起了老大娘。可是没走多远，不怀好意的鬼子兵拦住了她。

"你的，什么的干活？"

"这是俺婆婆，让你们给打成这个样子……"年轻妇女紧紧捂住老人喷血的伤口，泣不成声地说。

"不是，你的说谎！"

日本鬼子逼向年轻妇女。

"不，不……"年轻妇女惊惶地朝后躲闪着。

"你的，女八路的干活！嗯？"

不由分说,日本鬼子撕裂了年轻妇女的衣服……

董存瑞的怒火一下子蹿到头顶。他心想,要是手里有杆钢枪多好啊,打死他狗日的日本鬼子!

现在他只能趴在地上,干看着敌人的刺刀,在火把子的照耀下闪着寒光。任凭他们耀武扬威,欺侮百姓!

渐渐,敌人的火把熄灭了,沙城沉浸在死寂的黑暗中。

董存瑞焦急起来,为啥战斗还没有打响呢?队长他们怎么啦,不会出问题吧?

忽然,大胡子气匆匆地跑过来,传达队长的命令说:因为龟田这个老鬼老奸巨猾,担心夜宿沙城遭到八路军的埋伏,所以,没有出来。要董存瑞赶紧撤回。

董存瑞不服气地看看炮楼的方向,觉得就这么回去,太便宜了日本鬼子!

想到这,他迅速来个就地十八滚。靠近城墙,他猛地站了起来,将手榴弹掷向鬼子的炮楼。

谁料,墙壁太高,他力气又小,结果手榴弹"轰隆"一声爆炸了,只在墙根下炸出了一个小洞。

这下可捅了"马蜂窝",随着鬼子哨兵的一声枪响,炮楼里的机枪、步枪同时叫嚣起来。就像铁锅里蹦炒豆,响成了一片。

执行断后任务的武委会主任一见情况不好,趁敌人慌乱之际,冲过来,一把将董存瑞拉到坡坎后边。

董存瑞不服气,要拽大胡子的枪。武委会主任命令道:"快撤!"

民兵队长带领队伍,经过一阵激战,总算打退了敌人,安全撤回到村里。

回来后,指导员召集民兵开会。董存瑞坐在墙角里,一言不发。大胡子拿着自己的子弹袋,心疼地摸来摸去。他在掩护撤退的过程中消耗了五颗子弹,因此,对董存瑞满肚子的意见。

"董存瑞同志,你真是太不像话了!"大家你一言我一语,展开了激烈地批评。

"你咋还像当年的孩子王,想咋干就咋干?要知道,现在是在组织的人了,是个民兵了!如果大伙儿都不听指挥,各吹各的号,各唱各的调，这个队伍不就乱套了吗？”

“可我是想为王主任报仇，为咱老百姓报仇啊，他们烧杀抢掠，害了多少乡亲！”董存瑞委屈地跟大伙儿解释。

这一下大伙儿更不同意了，语重心长地说：

“为王主任报仇，一百个对。可日本鬼子在中国杀了我们千千万万个同胞，这个仇，这个恨，就靠你单枪匹马，扔一颗手榴弹解决得了问题吗？”

“就因为你擅自行动，差点儿把我们队伍全暴露给敌人，你想到事情的严重后果了吗？”

大伙儿的批评逐渐深入，道理越讲越明，听着听着，董存瑞的心里豁亮起来。是啊，因为自己没有听队长的嘱咐，只想着报仇，才犯了纪律，差点儿给队伍带来损失。想到这，他惭愧地搓着双手，低下了头。

“我早就说过，”这时，有个民兵发言说，“董存瑞岁数小，不够民兵条件，这不，差点儿出了大乱子！”

董存瑞一听这话，急得满脸通红，猛地站起来说道：“我没听队长的命令，乱扔手榴弹，犯了纪律，是我的错，大伙儿怎么批评都行，我全接受。可说我不够民兵条件不行，这一条我不接受！”

“哈哈，可别哭鼻子噢！”这时大胡子望着一副委屈样子的董存瑞。

武委会主任觉得是时候了，便站起来说：“刚才大伙儿都发言了，对董存瑞提出了批评，董存瑞这次擅自行动，犯了纪律。但是，他能接受同志们的意见，认识到自己的错误，这就是进步。存瑞年龄虽小，可执行任务时，热情高，点子多，我们还是应该肯定的嘛！”

武委会主任环视了一下会场，接着又说：“大家还记得，上次我们在小北川配合主力部队行动，董存瑞在如何破坏敌人的通信线路方面出了不少好主意，按照他的办法，我们圆满完成了任务；他自制武器，射瞎铁杆汉奸李保长的眼睛，保证了阻挠敌人给养车辆的通行……我们屡次受到上级的表扬，这功劳也有存瑞的一份，对不对？”

武委会主任的话音刚落，立刻响起一阵掌声。

大胡子这回没有再逗董存瑞，而是站起来一字一板地说：“我平时对存瑞帮助不够,也应该做自我检讨,向存瑞道歉。就让董存瑞跟我在一起吧,我俩并肩战斗,会把任务完成得更好。”大家听了再一次鼓起掌声。

董存瑞见大伙儿都热情鼓励他,不好意思地说:“我保证不给民兵丢脸,虚心学习,干啥都要听从指挥!”

果然,董存瑞是个好样的,说到做到。他处处严格要求自己,遵守纪律,执行命令,和南山堡的民兵们,入虎穴、抓汉奸;送通牒、察敌情;打埋伏、拔据点。他们让敌人闻风丧胆,叫乡亲们打心眼里夸赞,儿童团的团员们还编了一段顺口溜:

南山堡,半山腰;
小鬼子,没处逃。
民兵队,举枪刀;
小存瑞,干得好。
等来年,快长高;
咱也去,搞破交。
……

营救

这天早晨,大胡子把董存瑞叫到村后边的小树林里。

只见队长就坐在大青石下,手放在腰间的盒子枪上。表情不但严肃,而且非常沉重。

“报告队长,民兵战士董存瑞前来待命,请指示!”

“存瑞同志,告诉你一个十万火急的消息。”

董存瑞紧张地望着民兵队长,等待他继续往下说。

“情况是这样,”队长拉着董存瑞坐在身边,告诉他,“区委的又一位同志被捕了,现在就关在沙城的据点里。同时,被捕的还有一名妇救会干部!”

“被捕的两位同志,处境一定十分危险。”董存瑞说。

“所以,区委要求我们化妆营救他们。”队长传达了区委的指示。

原来这位区委干部受区委书记委派,要到沙城附近一名老郎中那里去为游击队搞一批药品。根据上级指示,和妇救会干部装扮成一对年轻夫妻。早晨,他们骑上从老乡家借来的毛驴,赶到预定地点。任务开始进行的很顺利,老郎中按照采购清单,一五一十地如数交付给了药品。

在回来的路上,他们沿小巷,过短桥,躲过了敌人的岗哨和路卡。然而,就在即将进入安全地区的时候,突然,身后传来一阵銮铃的声音。

他们回头一看,只见尘土飞扬,鬼子的马队正一路追来。

“干什么的?”敌人拦住了他们的去路。

区干部按照事先想好的身份,说:“我们是良民,两口子出来做点小本生意。”

“哪个村寨的?”翻译官恶狠狠地问。

“段家堡的。”

“撒谎!怎么说话不像本地人口音?”翻译官喝道。

“我老家在保定,入赘来到段家堡。俺们刚结婚不久,家里比较困难,听说这边的东西便宜些,所以来贩点儿东西。请皇军高抬贵手。”区委干部回答道。

“贩的什么货物?”翻译官满脸狐疑,摸了一把驴背上的麻袋。

“都是乡下郎中们要的一些药材。”

“你俩是真夫妻,还是假的?”突然翻译官盯上了妇救会干部,“说!”

“真的!”妇救会干部沉着冷静地回答,有意低下头,装出羞答答的模样。

翻译官围着妇救会干部转来转去,猛地抓住妇救会干部的手,像夜猫子似的冷笑起来:

“哈哈,村妇干活的手,有这样白嫩的吗?”

“八嘎呀噜!”日本鬼子的刺刀呼啦一下子,对准了区委干部和妇救会干部。

“太君,俺是两口子还能做假?咱本分人可不兴开这样的玩笑。”妇救会干部亲昵地拉了拉区委干部的胳膊,申辩道。

翻译官阴险地哼了哼鼻子,示意鬼子:“带走。”

就这样,两位同志落入了敌人的魔掌。

奇怪的是敌人连着几天并不来审问,晚上让他俩住在一起,床上只放了一条被褥,门外有伪军把守。除了给吃给喝外,还送来干净的衣裳。

他俩心里很纳闷,不知道敌人的葫芦里,到底装的是什么药。

最让他们感到焦急的,不是个人的安危,而是这批药材。如果被敌人怀疑起来,就无法将药材运到游击队去。

等啊！等啊！直到沙城赶集的这天，日本翻译官才推门进来找他俩谈话。翻译官先是皮笑肉不笑地喊喧："这屋里打扫的满干净嘛！这些天休息的怎么样，还可以吧？"接着说，"亀田三郎小队长对咱中国人非常亲善，中午设宴招待你们，真是大大的荣耀！"

那区委干部说："翻译官，请赶快放俺们走吧，咱做这点儿小生意耽搁不起呀！"

翻译官咳嗽了一声，跟他们套近乎："这回该你两口子走运啦，日本皇军要跟你们交个朋友。"

区干部拒绝说："俺穷老百姓给你们帮不上啥忙，咋交朋友？"

"穷老百姓？哈哈！"翻译官立刻变脸，眼睛里射出鹰鹫一般凶狠的目光，"我看到现在，就不必再演戏了！"

"演戏？"

"你们俩是夫妻，为什么不睡一个被窝？你们是良民，为什么给游击队采办药品？"翻译官歇斯底里地吼道，"你以为大日本皇军的密探是白吃干饭的吗？"

区干部明白，敌人派人一直在监视他俩的一行一动，自己已经彻底暴露了，咬紧牙关不再说话。

"只要愿意合作，我趁今天赶集的机会悄悄送你们出去，给皇军带路，你们的上级也就不会知道。等消灭了游击队，哈哈……"翻译官把一张胖猪脸凑到近前，"升官发财任你选择。"

见区委干部和妇救会干部都没有反应，翻译官尴尬地一笑：

"你俩要是愿意做长久夫妻，远走高飞，去哪里都行！"

妇救会干部忍不住朝翻译官脸上啐了一口唾沫，骂道：

"你们这些民族败类，把中国人的脸都丢了，要我们也和你一样猪狗不如，妄想！"

"总有一天，全中国的抗日军民，要跟日本帝国主义，还有他的走狗算总账！"

最后，气急败坏的敌人决定把他们押赴刑场……

民兵队长给董存瑞交待的任务是：首先摸清敌人行刑的具体时间，然后找到药品存放的地点，做好配合区小队劫狱前的准备工作。

采用啥办法，才能圆满完成营救同志的重任呢？董存瑞想啊想啊，想了整整一夜，觉得一直没有琢磨出比较满意的办法。

拂晓，他迷迷糊糊地进入了梦乡。

“时间就是生命，时间就是命令。同志的安危，游击队伤员的安危，都在你的手上！”耳畔仿佛有个声音，在召唤他。

董存瑞猛地一激灵，翻身醒来，随后披上衣服朝茅屋外走去。

“哪怕有再大风险，也要按时完成任务！”他仰望天空中渐渐寥落的星斗，对自己说。当他把目光落在墙下的鸡笼时，眼睛一亮。他拍打一下自己的脑袋：“有办法了！”

他和大胡子分别化装成了卖鸡的小贩和疯丐。

董存瑞头顶草帽，肩背鸡笼，一路走走停停，出现在沙城的大街上。

“卖公鸡，卖公鸡！”

站岗的伪军看见了，并无戒意。有的还搭讪：“背来几只公鸡呀，太少太少！”

其实他们巴不得董存瑞到来，没准给管伙食的头目看见了，碰巧还能跟着打打牙祭。

“大好——公鸡呀！”董存瑞学着商贩的声调，大声吆喝。

“卖公鸡的！”前边出来个油光肥胖、留着二分头的家伙。那模样一看就不是好东西，朝董存瑞喊：“扯嗓子瞎叫啥？老子找你还找不赢，送过来！”

董存瑞料定是鬼子伪军的伙食头，坑害老百姓惯了的，冲他扬起脸来说：“先给个价钱！”

“孝敬皇军好要钱？”

“不花钱，谁养的公鸡给你吃！”

“嘿，嘿嘿！你小兔崽子没有昏了脑袋吧？”二分头很少碰上人敢这么顶撞他，冷笑着踹了董存瑞一脚。

董存瑞手疾眼快，腿脚灵活，身子一闪，就躲了过去。

“小东西，你他妈还有两下子！”这时，二分头像一条疯狗，凶狠地扑上来，抢夺鸡笼。

“胖猪，胖猪！”蓬头垢面的大胡子过来横在中间。

“你他妈活腻烦了！”二分头举起拳头来晃了晃。

“你打人,你打人!”大胡子不但不后退,还朝他跟前凑了凑,跳起脚来一个劲儿大喊。

二分头瞅一眼这个突然出现的大胡子,差点儿笑起来。只见他满嘴淌着哈喇子,身上穿着烂衣裳。尤其从头到脚,散发出刚从鸡窝里爬出来的粪便气味。一说话,还颤颤癫癫的。

“操,你不光是个叫花子,还是个脏疯子!”

“疯狗,疯狗,”大胡子故意拍打着身上的气味,朝着二分头傻笑,“我是玉皇大帝!”

“去去去叫花子,滚蛋!”二分头不耐烦地捂住鼻子,被熏得一连后退了几步。

“你,你狗胆包天,敢骂本皇,”大胡子指着二分头的鼻子唤了一声,“雷公!”

“哎!”董存瑞跟着凑热闹,答应了。

“来来,劈了他!”

“我不敢……我是卖公鸡的,”董存瑞撂下肩上背的鸡笼说。

大胡子过来揭开了鸡笼盖子,一通手舞足蹈。那些公鸡“扑棱扑棱”全飞了出来,四下逃窜。

“疯子,你赔我的公鸡!你赔我的公鸡!”董存瑞急急忙忙地四处追赶起来。

这下高兴坏了大胡子。

“……七只、八只。”他挥了挥手,作出发布命令的姿势,“天门元帅接旨,本皇解救了一批神鸟,飞回天庭去了!”

董存瑞借捉拿公鸡的机会,仔细观察着每幢房子。一幢,两幢……

“站住!”在两间青砖瓦房前,两个持枪站岗的伪军,冲他喊。

董存瑞注意到,不但门上挂着两把大锁,窗口还安装了铁棂子。过往的行人都被伪军迎面截住,不许靠近。

“行行好老总,俺的公鸡跑了。”董存瑞央求道,“俺娘全靠卖它后买药救命的!”

“什么救命,再不滚你的命也没了!”伪军说。

“为啥,俺没偷没抢?”

“小子你少啰嗦,这可是要犯重地!”

这时,日本鬼子的巡逻摩托从街上开过,行人们纷纷躲闪。另一个伪军赶忙指了指身后说:“别吓唬他,快让他离开。龟田队长发现了,咱吃罪不起的。”

身后的伪军一个说:“马上枪毙的这对年轻人,听说不是两口子,是八路。”

“管他几路!”另一个顶了一句。

董存瑞从伪军的口气中断定,这里肯定关押着那两位同志和那批落入敌手的药品。连忙问那个说话客气一些的伪军:“老总,要是不让过去捉俺的公鸡,俺咋去赶集嘛!”

那伪军告诉:“叫你走就快走,明天就要枪毙人了,谁还敢来赶啥集!”

“是是,那俺认倒霉吧,俺的公鸡白跑了!”董存瑞故意装出一步三叹的表情,离开了敌人。他刚转过墙角,正好碰上大胡子。俩人一商量,干脆把空鸡笼丢下,顺着干涸的小河,跑回了南山堡。

这时,区委书记和民兵队长已经等候在董存瑞家里,准备接收他们带回来的情报。

董存瑞就把这次和大胡子俩人如何化妆进城,如何装疯装傻,如何在伪军嘴里搞到情报的经过,一五一十地做了汇报。

区委经过认真研究,确认取得的情报完全可靠。当天晚上,区小队和南山堡的民兵悄悄出发,成功地营救出了被关押在沙城的两位同志,并为游击队抢回了那批药品。

参 军

1945年的仲夏，如火如荼的抗日战争形势，发展得十分迅速。民兵活动的地区也扩大到平绥铁路沿线，配合八路军作战行动的次数也越来越多了。

这时，董存瑞的心里萌发出一个强烈的愿望，那就是希望自己能够成为一名八路军战士。

他逢人就打听八路军在什么地方，要不要招收新兵。还问人家，自己够不够条件。乡亲们都说，存瑞是个好样的。

不久，南山堡的民兵接到命令后，赶到区上。

一进街头，就见这里集结了许多八路军主力部队。那些战士们，迈着整齐的步伐，一队一队走过，好不威武！

还有整理行装的，擦枪的和擦子弹的，或者帮助老乡挑水、扫院子的。他们见了当地群众就招手，亲密得如同一家人。

董存瑞远远地望着他们，站在路边直愣神儿。

一个八路军战士怀里抱着枪，正聚精会神地看一本书。董存瑞就凑过去，伸手摸摸枪说：

"嗬，这枪真棒！"

八路军战士抬头看了看董存瑞，还以为他是村里的孩子呢，就说："别乱动，这可是真家伙！"

"别小看人，这枪我会使！"董存瑞认真地说。

"站起来还没有一枪杆高呢,口气可不小啊。"八路军战士见他挺可爱,笑着说。

董存瑞不服气地反驳道:"你也不比我高多少,咋小看人。"

"哦,看样子,真还有股不服输的劲头!"

董存瑞有意踮了踮脚尖儿,说:"告诉你,我还是个老民兵呢!"

"当兵几年啦?"八路军战士问。

"再有三个月就两周年了!"

"瞧不出来,还是老资格了!"八路军战士拍拍他的肩膀。

"你们路走得远,仗打得大,能给讲讲当前的战场形势吗?"董存瑞见八路军战士态度挺好,便拉住人家的手说。

"这个嘛,我也说不全面,"八路军战士清清喉咙说,"反正德国法西斯被苏联红军打败了,日本鬼子是秋后的蚂蚱,也没几天蹦跶头啦!"

"那,咱们部队扩编不?"董存瑞试探地问。

"这个我可不清楚。要问,你就得去问首长。"八路军战士诚恳地回答。

这时,董存瑞听见有人喊他,便一边往前走,一边想参军的事。总像肚子里揣了只小兔,又蹦又跳的……

"不行,我得去找武委会主任,我要参加八路军!"董存瑞走走停停,暗暗下定了决心。

当他赶到集合地点的时候,恰巧见武委会主任正同一位八路军首长走出屋子。

董存瑞拦住他们说:

"主任,首长,我要参军,让我跟部队走吧!"

武委会主任抚摸着他的头说:

"你的年岁还不够,再等两年,保证送你披红戴花上部队!"

"再等两年,日本鬼子都消灭光啦!"董存瑞见武委会主任不松口,就转脸央求八路军首长:

"首长,带我走吧,我要和你们一起消灭日本法西斯!"

"今年多大啦?"八路军首长问。

"十七啦! 属小龙的!"董存瑞挺起胸脯回答说。

“十七,属小龙,”八路军首长掰掰手指头算了算说,“不对,属小龙的今年不够十七。”

董存瑞一听首长说他不够,就急了,他梗着脖子说:

“我们那儿都这么算,不信你去问问!”

武委会主任摊开双手对部队首长说:“看见了吧,天天这么缠着你,真拿他没办法!”

“这小鬼挺机灵,你们可以优先考虑嘛。”部队首长微笑着说。

“好吧,有人给你讲情,这次任务完成后,回去给你个准信。”武委会主任终于答应下来。

自从这天后,董存瑞天天盼,日日想,连做梦都穿上了新军装,当上了八路军。

一天下午,雨后初晴,天格外的热。知了趴在树上“吱吱”地叫个不停。民兵们练了会儿射击后,都三三两两的找个阴凉地方休息去了。唯独董存瑞还趴在滚烫的山冈上,聚精会神地盯着山下的靶子,练瞄准。

队长走到他跟前说:“存瑞,休息会儿吧,天热了!”

“不怕!”董存瑞抹了一把汗水,铿锵有力地回答,“多练会儿,将来到了部队上,不给咱南山堡的民兵丢人!”

“武委会主任找你,有重要的事要通知你哩!”民兵队长知道董存瑞的心思,故意神秘地说。

“真的?”董存瑞一听这话,“噌”地就爬了起来,“是通知我要参军的吧?”

“你见了主任不就清楚了吗?”队长拍拍他身上的土,“快去吧。”

董存瑞抓起衣服,抬腿就跑。在榆树林后边,他找到了武委会主任,见面就问:

“是通知我参军的吧!”

“是,董存瑞同志。”武委会主任点点头说,“和你参军的还有几位同志,时间比较紧急,区上要求你们今天晚上就走。”

愿望终于实现了,董存瑞高兴得嘴也合不拢了。他转身朝于大娘家奔去,跑啊跑啊……快到门口时,见于大娘蹲在簸箩边,正挑拣一些落风的青枣。

董存瑞想告诉自己参军的事。可是想到自己要走了,大娘知道后心里肯定舍不得,便跟大娘一块挑拣着枣子。直到实在憋不住了,才轻声说:“大娘,往后你可要照管好自己。”

“大娘这一辈子无依无靠,有你这个懂事的娃子常来看我,早就知足了。”

于大娘说着,把那些还没成熟的枣子,拣好后晒到了墙根下。她要等晒干了,磨成了粉,当作充饥的口粮。

“大娘,你的日子这样苦,等收下来,让俺娘给你送些地瓜干来。”董存瑞跟大娘说着知心话。

于大娘边拉他进屋,边说:“存瑞,你家也够苦的,咱山里人哪家子不苦啊。”

“等赶走了日本鬼子就好了,大娘。我以后再来看你。”

于大娘没听出董存瑞话里的意思,这时从床底下摸出一碗干枣,包起来,塞给董存瑞说,“大娘没啥可给你的,就剩下这一点儿了,你不来也想给你送去的。”

这是去年的干枣,红红的。平时大娘没东西下锅了,就拿一些去,换些谷糠或者青菜来。这可是大娘救命的枣子啊,董存瑞执意不要。不料老人急了:“孩子,跟大娘这个孤老婆见外不是!”

董存瑞怕让于大娘生气,只好揣在怀里,告诉自己最近忙着搞“破交”,可能暂时没空来看他,趁老人不注意,又把枣子掖进灶台边的瓦盆里,才告别出来。

回头远远望去,于大娘依然站在门前,冲着他,在不停地擦眼泪。

到达家门口时,他又为难了:咋跟家里人说呢?要是娘知道我要参军了,拦是不拦的,可是,落了眼泪,我咋办呢?对,先不告诉她老人家,走了以后再说。

打定了主意,董存瑞一回家可忙活了。他先是拿扫帚把院子打扫干净,又把院子里的水缸挑满。

“存瑞,天怪热的,你这是忙活啥呀!”娘出来,瞧着他满脸都是汗的样子,心疼地说。

“娘,一会儿我就要走啦。”

“干啥去?”

“配合咱主力部队行动，可能一时半会儿回不来，娘，你可别着急啊！”

“瞧你说的，”娘还以为这次还是民兵活动呢，扯起大襟来，一边擦着董存瑞脸上的汗，一边说，“啥时把日本鬼子赶出中国就好了，咱老百姓也能过上个太平日子。”

“娘，现在抗战形势越来越好，他日本鬼子是秋后的蚂蚱蹦跶不了几天了，咱老百姓安居乐业的日子不远了。”

董存瑞边说边往外走，恐怕父亲回来后，问三问四起来，露了馅儿。

娘见他着急的样子，赶忙揭开锅盖，拿出几个热窝头塞到他手里说：“一说有任务，你就急得坐不住，拿着这个路上吃吧。”

董存瑞接过窝窝头，一阵风似的跑出了家门。这天晚上，董存瑞和村里的其他几个年轻人，满怀激情地到了三区政府所在地——杨家庄，参加了区小队。

俺的理想

锣声，鼓声，唢呐声，响彻在杨家庄的上空。

董存瑞跟各村刚参军的年轻人披红戴花，整整齐齐站在会场主席台前。大家的面颊上，洋溢着兴奋的笑容。区小队的老战士们使劲儿擂着鼓，敲着锣，唱起歌，兴高采烈地欢迎新战友到来。

这时站在主席台上的一位首长喊话："同志们，我现在宣布，这些大家还不熟悉的小伙子们，已经正式成为区小队的战士啦！"

顿时，响起一阵雷鸣般的掌声。董存瑞的巴掌都拍红了，还一个劲儿拍个不停。

好半天，会场才渐渐安静下来。首长接着讲道：

"毛主席说过，我们都是来自五湖四海，为了一个共同的革命目标，走到一起来了。我们还要和全国大多数人民，走这一条路。我们今天已经领导着九千一百万人口的根据地，但是还不够，还要更大些，才能取得全民族的解放……"

董存瑞聚精会神地聆听着，觉得首长讲的内容很新鲜，入情入理，竟然又忘情地鼓起掌来。他一鼓掌，别人也跟着鼓掌，整个会场再次响起暴风雨般的掌声。

首长的目光落在董存瑞身上，见这位新战士个子最小，人长得最精神，问道："这位小战士让我猜一猜，你的名字是不是叫董存瑞？"

董存瑞应声回答："报告首长，我就是董存瑞，南山堡村的！"

“久闻你的大名啊！”首长用赞许的口气说，“董存瑞同志听口令，左转弯起步走！”

董存瑞站到了主席台上，他还是头回经历这样的场面。别看见了日本鬼子汉奸他不怕，可是望着整个会场所有的眼睛都齐刷刷地瞅他，他的心里“突突”直跳起来，好像肚子里装了一面小鼓。

“首长，我没做错事吧？”董存瑞问。

“没有错，革命战士嘛！”首长朝大家一挥手，“我要董存瑞同志代表大家回答一个问题：我们参军到底为了什么，或者说理想是什么？”

“理想吗，”不等首长把话讲完，董存瑞就大喊起来：“那还用说呀，俺们的理想就是打日本鬼子呗。”

“那打完鬼子以后干什么呢？”

“再……再……”董存瑞急得直眨巴眼睛，张着嘴巴说不上来了，就干脆问大家，“你们清楚吗？”

会场上传来笑声，有的低声问别人，有的在思考，大家都觉得心里有一个美好的理想，可又一下子拿不出像样的理论来表达，便都摇头说说不好。

首长宣布：“告诉大家一个好消息，我抗日武装力量，准备于近期对敌人发动大规模进攻，所以，我们每个战士都要加紧军事训练，争取练出硬功夫来，在战场上杀敌立功。同时，也把这样一个思考题留给大家。”

回到住处后，大家都忙着打水洗脸，收拾刚发到手里的行军用品。

这时，董存瑞依然沉浸在会场的气氛里，独自蹲在地上继续想那道思考题。

他这样念叨了一遍——觉得应该这样回答；那样念叨了一遍——觉得应该那样回答。但是想想，总觉得都不够不全面。

“存瑞，”这时，有两位一起来的新战士凑过来，其中个子高一些的问：“想出来了没？给俺听听。”

董存瑞为难地说：“这个嘛……我也说不好，总觉得理想可多啦！”

那位身材胖的也说：“是呀，我也是。不过，顶要紧的是等赶走了日本鬼子，治一治村里的恶霸刘汉三，他跟狗保长一个鼻烟出气，欺男霸女。”

大个子说：“我的理想是等过上太平日子，有钱了先把俺娘的痨病治好。俺娘的病是给狗腿子逼出来的。”

董存瑞听了心里颇有同感，使劲儿拍拍腿，说：“我们村的地主恶霸和狗腿子也一样，有民兵镇压着，才不敢炸刺儿。可我还盼望于大娘由村里来照顾。”

听见他们仨人说得挺带劲，大家都来了兴致，纷纷围拢过来，参加了讨论。

有的认为，理想就是把所有的坏人收拾了，没事出来溜达，愿意往哪走就往哪走，不用担心。

有的认为，理想就是把村里的桥和路修好了，村村户户四通八达，不怕发大水。

有的认为，理想就是穷人都联合起来，互相帮助。

有的认为，理想就是风调雨顺，山上开满花，田里长满庄稼，秋后大丰收，囤里的粮食满满的，娶个温柔孝顺的媳妇……

“报告首长，我们正在讨论理想问题！”忽然，门外的战士打着敬礼喊。

在主席台上讲过话的那位首长已经走进门来，他先认真看了看大家的被褥和随身用品，感到满意后，方和蔼地跟大家说：“同志们的讨论，我在门外全部听清楚了，讲的都是心里话。”

董存瑞赶忙端过一瓷缸开水，递给首长说：“大家都议论半天了，觉得这个理想，咋说也说不齐全，还是请首长给指点指点吧。”

首长喝了口开水，示意大家一起坐下，说：“这因为每个人所讲的都是具体的理想，多少年来我们深受压迫剥削，心中有说不完的深仇大恨，向往的好日子里有很多内容，怎么能一下子说得清呢？”

董存瑞心里想：对啊，要是光说具体的，怕是每个人要说三天三夜的。

“只有概括地讲，就比较好表达了。”首长拍拍董存瑞的肩膀，“我看啊，可以把大家刚才的话归纳成一条。”

大家一齐敬佩地望着首长，首长说：

“我们共同的理想，就是在中国共产党的领导下，团结起来，共同推翻压在中国人民头上的帝国主义、封建主义和官僚资本主义三座大山。为建设一个由人民群众来当家做主的新中国努力奋斗！”

这一天晚上，董存瑞躺在床上，好久没有入睡。他的心潮像南山堡夏天的洪水那样汹涌澎湃，暗暗发誓：爹、娘、于大娘，还有南山堡的乡亲们，我一定要听从首长的话，为新中国奋斗！

坦 克

董存瑞来到了区小队后，又被编到龙、延、怀联合县的县大队。他在配合大部队的战斗中，机智灵活，英勇顽强，多次出色完成了任务。

有一次，县大队准备和鬼子在黑山沟里交战。

因为，黑山沟地形复杂，便于隐蔽，可以有效地消灭敌人。

黎明时分，大队长带领战士们出发，迅速埋伏到了茂密的灌木丛里。大家个个摩拳擦掌，把枪安上刺刀，将子弹推上枪膛。董存瑞的枪口死死瞄住了敌兵队伍首先出现的地方。

他对队长说："只要鬼子一露头，我就先给他来个大开瓢！"

"到时听我的命令，只要枪声一响，你就瞄准他们的狗头使劲儿打！"队长鼓励董存瑞。

等啊，等啊……直到太阳升起一竿子多高了，董存瑞的眼睛都酸了，还没有发现日本鬼子的踪影。

"啥时啦，鬼子还不来？"董存瑞的心里有些动摇起来。因为根据提供的情报，参加扫荡的日本鬼子要在早饭时分，清剿西线的几个村寨。显然，这个时间已经过去了。

"放心！"大队长握着手中的驳壳枪，叮嘱说，"老鼠一定会出洞的！"

董存瑞把手里的枪都握出汗来了，一直等到中午，果然日本鬼子倾巢出动了。

“小日本!”董存瑞恨不得立刻把复仇的子弹打出去。

董存瑞知道这群鬼子在前天刚刚杀害了一名抗日干部的家属。他们要老人家说出抗日干部的联络地点,老人宁死不屈。他们残忍地切断了她的双手,然后把她活埋在地窖里。

战士们的心中,都燃烧着复仇的火焰。等到能够清楚看到摆动的“膏药”旗,可以听到鬼子军官的战马嘶鸣的声了,大队长依然一动不动地盯着鬼子的队伍。

近些,再近些……最后一个鬼子走过了大青石。

“砰”的一声,大队长手里的驳壳枪响了。战士们手中的枪跟着一起欢叫了起来,一颗颗仇恨的子弹飞向敌群,一个个鬼子应声倒地。那个张牙舞爪的鬼子军旗,被董存瑞举枪打得像猪拱地一样,趴在地下“噗噗”直冒鲜血,一命呜呼了。

日本鬼子的队伍,吓得惊慌失措,东跑一股,西跑一股,躲到坑坑沟沟里与我方展开了对射。

县大队的战士们毫无畏惧,英勇善战,迅速把已经全部暴露在火力网之下的敌人,消灭在了阵地上。

战士们打扫完战场,大队长命令大家撤离阵地。

这时,突然大青石后传来密集的枪声。

原来有一股增援的敌人,从另一个方向上来了,远远望去,密密麻麻一片,有鬼子,也有伪军。

大队长指挥着战士们一边战斗,一边向隐蔽地点移动。敌人的机枪火力越来越猛烈,刮旋风似的扫来扫去。渐渐,县大队的战地上出现了伤员。

“谁去干掉敌人的机枪手?”大队长问。

话音未落,早有几个战士跃出了掩体,冒着密集的火力向敌机枪阵地接近。但是,当距离还有几十丈远的时候,由于没有屏障,很快就被扫射了回来。

这时的情形越来越危急。如果敌人一旦清醒过来,向我实施包围反攻,整个队伍就会完全被置于敌人的火力控制之下,很难再取得这次战斗的胜利。

“大队长，我想出来一个办法，可以打掉那挺狗日的机枪！”董存瑞急匆匆地爬过来，向大队长报告。

“我们现在根本没有办法靠近敌人的机枪。”大队长脸上一副冷峻的表情，很严肃地说，“如果硬攻，就会给部队造成重大伤亡！”

董存瑞没有继续往下说，而是朝北边的山头指了指。大家都知道，转过那个山头就有一户人家。

大队长不明白他的意思。

董存瑞说：“我想，找老乡给帮个忙！”

“简直是乱弹琴，”大队长狠狠地瞪了董存瑞一眼，批评他说，“这就是你想出来的办法？”

“你就派我去吧！”

“董存瑞同志，你想出了啥好计策？”这时大队政委出现在董存瑞身边，轻轻地拉了一下他的胳膊，“我看可以试一试。”

“不过……到底顶用不顶用，还没有十分的把握……”

这时又有一名战士挂花了，大队长爬出战壕，匍匐着向东边的那道田埂移动，企图从那里寻到可能利用的地形来扭转被动局面。就对董存瑞说：“按照政委的意见执行吧！”

董存瑞立即来了个就地十八滚，接着几个辗转腾跃，奔向了老乡家。

董存瑞不大工夫借来了簸箩和棉被，返回到阵地。

“你开啥玩笑，”大队长严肃地批评说，“打算在这睡觉！”

“不，队长！”董存瑞扫视了一眼依然在不停咆哮的机枪阵地，果断地说，“我相信能干掉它！”

“这……好同志！真有你的！”

顷刻间，大队长明白了董存瑞的用意，便迅速命令几个战士靠拢过来……

这时，鬼子的那挺“歪巴子”机枪停歇下来，像一条疯狂的狗突然停止了叫声。敌人迷惑地望着他们的阵地前，不知道出现了一个啥怪物。这东西缓缓地移动着，越来距离他们越近……

“八嘎呀噜，土坦克的干活！”敌人大骂一声。他们恍然明白了那“怪物”就是簸箩底下趴着一个我军战士，上边覆盖着被水浸泡的棉被子，具有很强的抗射击能力，简直是一副软盔甲！

机枪迅速恢复了刚才的疯狂，子弹疾风暴雨般倾泻过来。董存瑞巧妙地利用有利地形，顶着“噗噗”扫向“土坦克”的枪弹，分秒必争，向前行进。

越过一道沟坎……

又越过一道沟坎……

这时董存瑞迟疑了一下，前面就是一片开阔的坡地，这里再也没有了任何可以利用的障碍物，所有的子弹都会打到它的上面。

为吸引敌人的火力，大队长指挥所有的武器，一齐向机枪展开火力压制。

董存瑞发现一个鬼子正在侧翼蠢蠢欲动，企图绕过山神庙的废墟，接近自己。

“龟孙子！”董存瑞伸出枪口，立刻给了他几颗子弹。鬼子挣扎了几下，再也不动了。

机枪依然在咆哮，硝烟在山丘与沟壑间弥漫。敌人似乎已经感觉到“土坦克”带给他们的是死神，他们将和他们前边的同类一样被全歼在这里。

董存瑞在即将抵达与敌人战斗的最佳距离时，面前一棵小树被子弹打断，横着倒了下来，卡在机枪前面极其狭窄的通道上。

大队长和政委同时瞪大了眼睛，他们知道，要翻越这个障碍，董存瑞的半截身体将暴露在疯狂的火力之下。

此刻，日本鬼子凭借机枪的掩护，正逐渐形成包围的态势。

时间不能再拖延！董存瑞鼓足力气，死死等待着射击间歇的短暂瞬间。

“小心，董存瑞！”大队长明白了董存瑞的意图，焦急地大声呐喊。

“注意呀存瑞！”战友们跟着大声呼喊。

机会终于来了，鬼子的机枪停顿了一下，只见董存瑞猛然一个跳跃，翻过了折断的小树。与其同时，“嗖嗖”的子弹，在他的周围掀起来一片烟尘。

董存瑞没有犹豫，朝敌人奋力甩出一颗手榴弹。

随即“轰”的一声巨响，敌人的机枪哑巴了。

失去了火力支持的敌人,即刻蔫了下来,有的东躲西藏,有狼狈逃窜。

大队长大喊一声:“同志们冲啊!”

县大队的战士们一跃而起,奋力冲向敌人……

回到驻地,大队长在表扬县大队的全体战士们时,对表现突出的董存瑞特别给予了赞许,并号召向他学习。

连长，快发枪

一天，传来喜讯，日本鬼子投降了！

青山欢呼，江河沸腾，村村寨寨都洋溢着欢庆的气氛。

短暂而漫长的八年啊，人民战争的烽火，终于把豺狼赶出了家门！

听到“砰砰啪啪！”欢庆胜利的鞭炮声，董存瑞的眼睛都湿润了。他遥望着家乡，心里默默地念叨：

“娘啊，您老人家盼望的太平日子就要到来了！于大娘，你的生活一定会变得越来越好！”就在这个时候，县大队编入了大部队，董存瑞分到了六连九班。

董存瑞刚到六连，就赶上部队受命到龙关城里，去接受伪军投降。

部队刚要开过去，国民党反动派却用飞机给城里的伪军投下军装和“青天白日”的“狗牙”帽花儿。一夜间，这伙沾满人民鲜血的汉奸队伍，摇身一变成了“中央军”，并拒绝缴械投降。

他们气焰嚣张地站在城头上，对我地方抗日武装力量鸣枪对抗。还时常出来骚扰老百姓，抢劫粮食和财物，甚至杀人放火。

龙关城西的韩老汉，早晨带着女儿到田里拾柴禾，被从城里出来胡作非为的“中央军”头目撞上，非要逼使韩老汉把女儿配给他去做“压寨夫人”。

这家伙吃喝嫖赌抽大烟，纯粹是个畜生，老汉那里舍得女儿往“火坑”里跳，慌忙拉起女儿，就朝村里跑去。

“中央军”头目顿时恼羞成怒，一声吆喝。几个当兵的立即冲上去，把老汉打翻在地，并带走了他的女儿。

第二天清早，韩老汉的女儿，被遍体鳞伤、一丝不挂地抛尸荒野……

上级下来命令：攻打龙关，消灭这伙敌人。

董存瑞兴奋地摩拳擦掌。可是，看看那些老战士们，已经把手里的钢枪擦得亮亮的，子弹袋里装得满满的，再看看自己，又急了。原来，他们这批刚刚从县大队补充进来的新兵，还没有领到枪支。眼看着就要攻打龙关了，董存瑞想，总不能眼睁睁地光等着别人冲锋陷阵，打得敌人鬼哭狼嚎吧？

“是不是把咱新兵给忘啦！”董存瑞三步并作两步跑到连部，见连长就说：

“连长，快发枪！”

“要枪！”连长看着董存瑞着急的样子，脸上笑眯眯地问：“着急了不是？”

“打敌人嘛，马上就要干起来了，我手里还没有一支家伙呢！”董存瑞伸着双手。

“是个好战士，不过别心急，等一会儿我们就去领！”连长拍拍董存瑞的肩膀说。

“连长，还等什么呢？人家敌人早就叫板了！”董存瑞激昂地说，“咱们的战士连枪还没有！”

“枪嘛，有的是！”这时指导员走了过来。他看着满脸稚气的董存瑞说，“我们不是经常唱这首歌吗：没有枪，没有炮，敌人给我们造。我们就是要叫敌人给我们‘发’枪，然后再去狠狠地揍他们！”

“哇，原来是这么发枪呀！”董存瑞恍然大悟起来，朝指导员来了个敬礼喊，“指导员，明白了，到战场上，我一定亲手缴获它一支钢枪！”

连长笑着说：“好家伙，又急了不是，马上回班去，等待命令！”

“是！”董存瑞一阵风似的跑回班里，心里总还是惦记着早点出发。

黄昏，攻打龙关的战斗打响了。

激烈的枪声不断传来，部队在迅速向守敌逼近。

六连的任务是：隐蔽在城东门外，负责堵截逃窜的残敌。结果，天刚擦黑，城内的敌人就被我攻城部队打得七零八落，出城投降了。

董存瑞看看临上战场时，自己领来的四颗手榴弹，结果一颗没用上，再看看担负主攻的部队，押着一批俘虏走过去，他打心眼里往外羡慕。他挥着胳膊说："这帮龟孙，今天算便宜你们了！"

战斗结束后，六连进城打扫战场。董存瑞和几名战士走进一座军需仓库。这间大仓库内，堆满了国民党空投的军用物资，还有日寇的毛毯、皮靴、饼干、罐头等。董存瑞一面和大家往外清理这些物品，一面留心找着枪支。眼看活儿就要干完了，他偶然在墙角下踩到一个硬邦邦的东西，急忙捡起来一看，嘿！原来是一支崭新的勃朗宁手枪。他喜出望外，赶紧把手枪别在腰里。

回到驻地，董存瑞连口水也顾不上喝，拿出那支手枪来，仔细地擦了又擦，看了又看，还高兴地哼起歌来……

对大家说："我终于有枪了，这家伙就是短了点！"

他问大个子："嗨，用你缴获的那支三八大盖换换怎么样？"

大个子逗他玩，朝他神秘地笑笑："告诉你，不换！"

晚上，召开战评会。班长说："我们是共产党领导的部队，而人民的军队有着铁的纪律，其中有一条很重要的战场纪律，一切缴获要归公，包括枪支。"

董存瑞一听就急了，他大声说："这是我从敌人仓库里拾来的，我还要用它消灭敌人呢，为啥要交？"

这时，大个子禁不住对董存瑞大声地笑起来："这回，懂了吧，不能换！"

班长看他一时想不通，便耐心地说："我们的军队为什么能打胜仗，就是因为有铁的纪律。同志们从敌人手里缴获来的很多枪支、弹药，没有哪个要求自己来留下。如果战场上缴获的战利品，你说你有用留下，他说他有用也留下，那我们还是人民的军队吗？"

"说得完全对，"这时候指导员走进来，他接着班长的话说，"我们是人民军队的战士，就要自觉地遵守革命纪律，只有这样，枪，才能用到正道上。"

大个子插话说:“告诉你吧,老弟,我缴获的那支大枪,早交啦!”

董存瑞连忙站起来,从腰里拿出手枪,双手递到班长手里说:

“指导员,我现在想通啦!”

过了两天,董存瑞正蹲在树下,缠着老战士给他讲战斗故事时,班长兴冲冲地进屋通知道:

“马上集合!”

看班长一脸喜气洋洋的,董存瑞问:

“班长,一定有啥喜事吧?”

班长拍拍董存瑞身上的手榴弹袋说:“等会儿你就知道了!”

全连集合后,给董存瑞和新入伍的战士每人发了一支钢枪和一套新军装。

董存瑞把“三八大盖”往肩上一扛,跟大家一起走向了操场……

苦 练

“杀!”

“杀!”

……

——熄灯的号声,早就响过了,董存瑞躺在床上,还是难以入睡。白天大家练拼刺刀时的阵阵杀声,仿佛依然回荡在他的耳边。

他趁大家不留意,用枕头支起被子后悄悄地离开了营房,消失在朦胧的月色中。

班长查铺,还是发现了董存瑞的床上是空的。班长摇摇头,自言自语地说:“存瑞呀,存瑞,你可真有一股子犟劲呀!”

班长朝村外的一片空地走去,很远就看见董存瑞一个人的身影,正在拼命地练啊,练啊……

班长故意咳嗽了一声。

见了班长,董存瑞擦擦头上的汗水,不好意思地低下了头。

“董存瑞,训练是要搞,但是也要按时休息!知道熄灯号响过了吗?”班长严肃地说。

“班长——”董存瑞请求说,“让我再练一会儿吧。”

“不行,这样会把身体累垮的!”

“俺的身体棒着哪!”董存瑞擂了一下自己的胸脯,心想俺小的时候,吃的苦大发啦,这点儿苦算啥……

班长见他软磨硬抗，命令他回去休息。

“哎哟！”董存瑞咧着嘴，叫了一声。

“脱下上衣来，让我看看。”班长命令道。

董存瑞脱下上衣，月光下班长看见董存瑞的右胳膊肿得像小腿一样粗。

“胡闹！”班长抚摩着董存瑞的胳膊说，“都肿成这个样了，还不回去休息！”

“班长，你知道我是个左撇子，投弹、射击、刺杀，三大技术都比不上别的同志，动作起来总比别人慢一步，这样上了战场，咋能有力地消灭敌人呢！”

“饭要一口一口地吃，路要一步一步地走，你想着一天就能把老毛病全改掉？”

“俺山里人有句俗话，打狼就得有真本领，真本领哪里来？就得苦练！指导员不是说了吗，目前，我军开展的练兵运动就是为了粉碎国民党的进攻。指导员还说——”

“好——好，还给我上起政治课来了。”班长打心眼里喜欢这个倔强的小战士，为了让他早点回去休息，便命令道：“有话明天再说，听我口令：立正，枪上肩，目标——宿舍，齐步走！”

董存瑞见班长下了命令，只好扛起枪回去了。

董存瑞就是这股子犟劲，他想要做的事，十头牛也拉不回来。这次部队大练兵，他想好了，一定趁这次机会，彻底纠正左撇子习惯，练得一身好本领，上战场多消灭敌人。

当然，他心里还有一个“小秘密”，在家乡他有位心上人，他要把自己打反动派的立功喜报寄回去，让娘和她都高兴高兴，也让于大娘和村里的乡亲们都高兴高兴。

从小养成的习惯，突然要改变它，可真难啊。就说练习瞄准吧，他总是闭不上左眼。他强迫闭上左眼，用右眼来练，结果累得直流泪。练得久了，眼前一片金花。再说投弹吧，老战士一出手就能投四五十米远。就是一些参军不久的新战士也能投出三十多米。可董存瑞憋足劲才投十七八米。

有的人见他吃得苦比别人多，训练成绩却上不去，就悄悄地对他说:“左撇子是从娘肚子里带出来的,想改就能改啦?我说干脆别费那个劲!”

董存瑞听了这话,一声没吭。心里却想:练不成,是怨我功夫不到家。我就不信这从娘肚子里带出来的习惯改不了!

于是,他每天鸡叫头遍,就悄悄地起床,抱着全班的教练弹,迎着晨风走上练兵场。

晨曦中,练兵场上跳动着董存瑞的身影。只见他挥动右臂将手榴弹一颗颗投出去,然后,急速跃进,拣起来,再投出去……

几天过去了,董存瑞觉得浑身的骨头节都要散架似的,又酸又疼,尤其是右胳膊,晚上睡觉时,连衣服都脱不下来。可是,一走进练兵场,他立刻精神头来了,连眉头都不皱一下,照样完成各科目的训练。

他常说,不管咋样,坚决不能给全班拖后腿!

这天,连里为检查第一阶段的训练成绩,进行一次投弹考核。

战士们一个比一个投得远,投得准,用连长的话说,那简直棒极了!

轮到董存瑞投了,旁边的人劝他说:

“今天可是算成绩啊,我看你还是用左手投吧!”

董存瑞没吭声,大步走出队列。他毫不犹豫地用右手抓起手榴弹。助跑了几步后,一扬胳膊将手榴弹投了出去。

一量距离,咳!还不到十八米远。

董存瑞见自己又没有投出好的水平,气得直拍自己的脑袋。

这时,有个老战士说:“董存瑞是个左撇子,这次成绩不应该算,让他用左手再投一次吧!”

“不行!”董存瑞猛地转过身来说,“应该算,要是打仗时我左手挂了花,右手还能闲着,眼看着敌人不打吗?”

队伍里有人说怪话:“愿望是好的,可手榴弹投在自家门口,到时是炸谁呀?”

“同志们——”班长走过去将董存瑞的上衣袖子往上一捋,轻轻抬起他的右胳膊说,“大家来看看,他的胳膊已经肿成什么样子啦!”

战士们围了过来,见董存瑞那又红又肿的胳膊,不由得露出了敬佩的目光。

“我们练一个小时,他却要练两小时,大家都休息了,他还在月光下苦练。他的这种顽强精神,难道不值得我们学习吗?”班长深情地说道。

“班长——”听了班长的表扬,董存瑞脸红了,他诚恳地说,“比起同志们我差远了,我还要继续练下去!”

“说得对,”这时,连长走了过来,他说,“天下没有翻不过的山,只要有这种顽强精神,什么样的困难也能克服。不过单纯靠苦练是不行的,要开动脑筋多想办法。要把射击、投弹、刺杀交替着练,这样不但能全面提高技术,胳膊也不至于累成这样嘛!”

听了连长的话董存瑞开窍了。从此,一到练兵场上,他专找全连射击、投弹、刺杀最好的战士当老师,虚心请教,认真学习……右手渐渐灵活了,有力气了,训练成绩有了明显的提高。

练兵运动结束的时候,董存瑞当着全排战士,用右手做了刺杀表演,进行实弹射击,得到大家一片掌声。

在投弹考核时,他左右开弓,双手投弹,手榴弹不偏不斜正中目标,名列全连第二。

团里组织军事技术表演赛,六连派出董存瑞和另外两名战士参加。结果,手榴弹投掷被评为全团第一。

表演结束后,首长和战友们都称赞他军事技术练得好,过得硬。

董存瑞说:“真正的好成绩还得到战场上去考验啊!”

火龙驹

董存瑞出操归来，就去房东大娘家里担水、扫院子。每天所有的力气活，他都包了下来。

大娘喜欢董存瑞，见了面就孩子长、孩子短的跟他说知心话儿。

“大娘！”这天，董存瑞拿着班里刚发下来的两个苹果，走进小院里。

“存瑞，快进来。”大娘答应着，迎出门来，“缸里还满着，在床上坐会儿，跟大娘唠唠嗑。”

“大娘，老乡们慰问来的几个苹果，班长让我给你带来了。”董存瑞把苹果放在桌上，关心地将大娘搀扶进屋去。

大娘问：“孩子，又是班里发给你的那一份舍不得吃，给大娘这个老婆子送来了？”

董存瑞说：“大娘你的咳嗽又犯了，保养身体要紧！”

说话间，大娘叹口气。

董存瑞问：“大娘，家里有什么事情吗？”

开始，大娘不想说。经过董存瑞的再三追问，才知道，原来大娘的一只大灰兔儿，早晨起来不见了。急得大娘找遍了半个村落，也没能找到。

董存瑞明白，这只灰兔儿是老人家唯一值钱的东西呀！

“丢就丢了吧！”大娘说。

董存瑞对大娘说："不能就这么白白丢了，我一定出去把它找回来！"

出门时，有个小孩告诉存瑞，看见过大灰兔儿，一蹦一跳地顺着街，往村西跑去了。

董存瑞听罢，拔腿就跑。来到村口，只见眼前一片空旷的禾田，远处是草地，偶尔飞过几只觅食的麻雀。根本没有大灰兔儿的踪影。

董存瑞翻下一条干涸的水沟，转了一遭。然后，向西坳的野苇丛走去。他打算，到那里问问放猪的孩子们，见没见到大灰兔儿。

这时，忽然发现前边山坡下，那个被称作野狼窝的地方，青烟袅绕，似乎有人的行踪。

董存瑞立刻警觉起来，这一带的老百姓很少有在野外焚烧柴草的习惯。那么，又是那里来到人呢？他赶紧摸了过去。

下面果然有人。当那人发现了董存瑞后，赶紧爬上了野狼窝，打着口哨大摇大摆地走过来。

"干什么的？"董存瑞问道。

那人回答："跑生意的，走迷了路，跟你打听一下道路。"

跑生意的人，竟然不清楚这一带的村落，且行踪诡秘，更加引起了董存瑞的怀疑。

"哪里人呀，跑这里贩什么来了？"

"延庆人，收些皮子货。"那人神情疲惫，脸上横着一寸多长的刀疤，说话时的目光游移，似乎有意掩饰着什么。

"你不是延庆的人！"董存瑞突然说。

那人迟疑了一下，慌乱地回答："不怕你……笑话，多年在外闯荡，口音早就变得南腔北调了！"

"噢——"董存瑞看了一眼，继续向前走去。

那人伸手拦住去路，满脸堆笑地说："嘿嘿，我还得跟你打听点儿事情……"

"那就等我回来再打听吧！"董存瑞果断地推开对方的手臂，冲向野狼窝。

大大出乎预料，这里竟然隐藏着一匹枣红马。这匹马的身材高大而又健壮，正大口大口地咀嚼着青草。不远处有一个土坑，坑内是一堆毕毕剥剥燃烧的树枝;火苗一蹿一蹿,舔着一只黑糊糊的东西。

——大娘的大灰兔儿,已经被烧烤成了野炊!

董存瑞回过头来,朝那人一招手,严肃地问:“你到底是什么人,偷窃老乡的家畜。还有这大红马,到底是哪里来的?”

那人惊惶地指了指大红马,低头哈腰地冲董存瑞干咳着说:“别、别误会,这‘火龙驹’可不是老乡家里的!”

“那是哪里来的?”董存瑞锐利的目光死死盯住对方,心想:“火龙驹”,瞧这名字,就可以断定这绝不是一般的马匹,这人也肯定有一些非常的来历。

“小同志啊,咱可是良民呀!”那人避开董存瑞,然后下意识地向“火龙驹”靠近。

想要逃跑!

“你还是先见我们连长,去把情况说清楚!”董存瑞拽住大红马的缰绳命令道。

那人看着董存瑞满脸严肃的表情,哆哆嗦嗦地掏出一把大洋来,说:“小同志,请给个方便吧。我家老娘病了,捎信来让我赶紧回去。不能再耽搁!”

“给我收起你这一套来,今天必须跟我到连部去!”

那人急得像火烧屁股似的,在地上兜来兜去,突然一咬牙,眼睛里射出一道凶光。随即一挥手,把一大把银元砸向了董存瑞的脑袋。

“站住!”董存瑞厉声喝道,一甩脑袋躲了过去。

“站住个屁,告诉你吧,老子是国军!”那人猛然从董存瑞的手里抢过缰绳,拉起“火龙驹”来一跃而上。转眼就出去了十几丈远……

原来这位自称“国军”的家伙,是国民党反动派军队里的传令兵。一天晚上,刚刚吃了败仗的营长喝醉了酒,便想找士卒来撒气。恰好传令兵从门外走过,平白无故被骂了个狗血喷头。

传令兵回去,越想越生气,就发起了牢骚。敌营长走过来,命人把他捆在树下,拉过打马的皮鞭,就是一顿臭揍。

传令兵咬牙忍着伤痛,趴在床上。他静静听着外面的动静。估摸着都入睡了,哨兵也躲到一边打盹去了。

趁着夜色沉沉,他偷了些细软后,便拉出营长的战马“火龙驹”,

悄悄打马而去。

敌营长早晨一觉醒来，发现一些值钱的东西不翼而飞，“火龙驹”也没了踪影，气得哇哇大叫：

“他妈的，赶紧给我追！”

有几名士兵行动迟缓了一些，屁股上狠狠挨了几脚。

传令兵知道，营长跟他不会善罢甘休，被抓回去，肯定是死路一条。他一个劲儿抽打“火龙驹”，狂奔，狂奔……

但是，由于山路崎岖，加之心中慌张，传令兵很快就迷失了方向，转来转去，并没有跑出多远去。最后战马跑得浑身是汗，差点累倒在地上。

这时，后边依稀传来追兵的枪声。

传令兵只好把细软散乱地抛在三岔路口，以迷惑追兵，自己借机拉起“火龙驹”藏入山沟里，躲过了一劫。

一连几天，靠着从老乡家里抢来的一身衣服换掉了“国军”皮后，他才敢寻找一些吃的、喝的，沿着小路、山沟儿朝山外行进。

大娘的大灰兔儿，就是这个时候在村外给抓住的……

董存瑞望着敌人逃跑的方向，断定他并不熟悉附近的道路，而且已经走进了被叫做“绝后口”地方。

“看你往哪里逃！”

董存瑞抄小路，斜刺里向敌人截去。只见他三步蹿过去一条水沟，两步飞过了一个畦埂，一会儿趟起来一片水花，一会儿又踩上一脚淤泥。他越跑越快，迅速地缩短着与敌人的距离。

“火龙驹”带着一路清脆的马蹄声，依然在狂奔着。

这时，董存瑞已经迎着敌人，率先跃上了通往“绝后口”的山路，喝令道：“站下！”

敌人如同惊弓之鸟，吓得摇晃了一下身子，差一点儿栽倒下马背来。“火龙驹”也放慢了速度。

但是，由于巨大的惯性，敌人在董存瑞的面前飞身而过。

董存瑞急忙来了个“伸手捞月”的姿势，抱住了敌兵的小腿。敌兵低头一看不好，急得腿脚乱踹，结果撸掉了鞋子，人却随马而去。

董存瑞急中生智，捡起一颗鸡蛋大小的鹅卵石，从后边用力一掷,只听“啪”的一声,敌兵在马上晃了晃身子,栽落下来。

敌兵摔倒在地上,头上已经被砸出了一个口子,血流不止。但是,这家伙仍不甘心失败,掏出一把雪亮的匕首,从地下爬起来后,直逼过来。

董存瑞轻蔑地朝敌人说:“你回头看看,还有必要自取灭亡吗?”

班长已经带着全班的战友,出现在面前,吓得敌人乖乖地举起手来,投降了。

“火龙驹”跑出不远,转了几个圈儿,又跑了回来,停在董存瑞和全部战士的身边。

董存瑞抢上前去,拽住战马的缰绳,说:“伙计,这回你归我军领导了!”

董存瑞和全班战士带上战利品,押着俘虏,朝连部走去……

兵哥哥

冬至这天，部队按照首长的命令，进行短暂的休整后，准备迎接下一场战斗。

天气骤然变得格外寒冷起来。路上到了滴水成冰的程度。走在路上，每个人的嘴里都冒着白白的热气。董存瑞和战士小杨一起顶着寒风，扛着扁担，到镇上去买些蔬菜回来，给大家改善一下伙食。

由于山路崎岖，再加上前几天刚下过一场鹅毛大雪，到处覆盖着厚厚的积雪，走起来非常艰难。

行至五里寨口时，需要穿过一条冰河。只见两面是陡峭的河堤，脚下是风化的碎石，还有长满枝杈的荆棘。董存瑞和小杨小心地登攀着。

"存瑞，你看那边的老乡跑啥?"小杨伸手指着前方问道。

董存瑞扭过头去，村前的几幢茅房，墙壁脱落，错落地顶着几根棍子，眼看摇摇欲坠的样子。茅屋后面长着一棵参天的老柳树。有位中年妇女从大树下慌慌张张地跑来，鞋子掉了，头上的破毛巾也被风吹走了。

"救……人呀！救人……呀！"中年妇女呼喊道，声音都变味儿了。

董存瑞三步并作两步，跳上河堤，对小杨示意：肯定有情况！便迎面追了上去。

“大婶，出啥事了？”

“……”中年妇女瘫软在地上，只知道号啕大哭，嘴里却说不出一句话来。

“大婶，不要着急，慢慢把话说清楚。”董存瑞跟小杨劝道。

“哎呀，俺的闺女呀，啊……”

这位惊吓过度的大婶，已经完全失去了理智。董存瑞蹲在大婶面前，问了半天，才从她语无伦次的口语中搞清楚，原来她的闺女挑着水瓮，来担水。她不放心，也就一前一后，跟着来到了村前的那口水井边。不看罢了，一看，坏啦。闺女掉到了水井里。

“走！井在哪里？”董存瑞心中一沉，忙问。

“哎呀，就在那棵大树下啦，呜呜——”

董存瑞和小杨快步如飞，赶到树下。果然，这里有一口古井，井壁斑驳，四周结着很厚的冰溜子。再往下看，黑洞洞的，足有四五丈深。从水面微弱的反光里，只看到了几个水泡，却不见落水人的影子。

“赶紧喊人吧，没有应手的家什，救不了她。”小杨说。

“正赶上赶集的日子，村里没有男人，喊也没有用处。快，还是到老乡家里去找绳子吧！”——董存瑞边吩咐小杨边脱掉了身上的棉衣。

小杨说：

“你这样下去，太危险啦！”

董存瑞说：

“来不及考虑那么多了。这人也不知落了多大工夫，再耽搁，怕是没救了！”

董存瑞扒着井口，刚要往下跳，他的心一动，这样肯定要砸伤落水的人。于是趴下身去，双手使劲儿抠着井壁的砖缝，一点一点地向下溜。

他很快沉入冰凉冰凉的井水中，锥心刺骨的寒冷，迅速地侵袭着董存瑞的全身。他咬紧牙关，鼓足劲儿，往深处捞了一把。结果两手空空，啥也没有抓到。

显然，姑娘已经沉入了水底。

董存瑞觉得这水井太深了，简直有一种深不见底的感觉！

时间在分分秒秒地划过,姑娘的生命面临着死亡的危险。

董存瑞几次沉入水里,冻得牙齿“得得”直响。他的身躯已经麻木了,渐渐地有些不听使唤起来。

“一定要坚持住,坚持就是胜利!”他对自己说。他深深地吸了一口气,然后,拼命地潜入水下。一丈,两丈……他甚至觉得自己就要窒息了,继续奋力地下潜着……

当董存瑞使尽全身的力气,猛地钻出水面时,小杨已经找来了绳子。

当他俩把昏迷的姑娘捞上来,并且送回家去时,董存瑞自己却险些摔倒下去。

赶集的人们渐渐回来了,一起围拢在董存瑞的身边,争相打听:

“你是那个部队的?”

“孩子,你叫啥名字?”

“你真是俺老百姓的大恩人啊!”

董存瑞只说一句“俺们是人民的战士”,便拉起小杨告别了乡亲们。

为感谢救命之恩,获救的姑娘跟着父亲到处打听,最后找到了董存瑞所在的连队。他们赶着牛车给部队送去了满满一车的大萝卜。连长望着白生生的萝卜,紧紧拉着老乡的手,对董存瑞说:

“还不快告诉老大爷,咱们收下了。”

董存瑞为难地望着连长,说:“这?”

连长拍了拍董存瑞的肩膀,说:“老乡大远的来了,军民鱼水情深,理应收下。再说,今天也要留下老乡母女,一起吃顿团圆饭嘛。”

“不过,”连长笑了笑,“萝卜钱嘛,还按照老规矩。”

当战士们簇拥着老大爷,赶着牛车朝伙房走去的时候,姑娘上来拉着董存瑞的手,真诚地喊了一声:

“兵哥哥!”

捉舌头

这天天刚放亮,起床号吹响了。

董存瑞翻身起床,可两条腿像灌了铅似的,抬不起来。头也觉得昏昏沉沉的。

班长看出了问题,便摸了摸他的头说:“这么热,今天别出操了,一会儿找卫生员来给你看看。”

董存瑞一听要影响训练,赶忙抄起枪来,挺挺胸脯说:“班长,我能顶得住,只要跑两圈就好啦!”

班长见他心切,只好答应了他的请求。

但是出操回来,班长摸摸董存瑞依然高烧不退,就命令他卧床休息。

董存瑞眼看着同志们已经列队出发,又走上了练兵场,急得在屋里直转磨。他是个闲不住的人,心想,闲着难受,干脆到炊事班找点儿活儿干。

董存瑞刚一出门,迎面见连部通信员匆匆跑来,董存瑞问道:

“跑这么急,有啥急事呀?”

“有任务!”通信员应了一句,向董存瑞晃晃手就跑过去了。

董存瑞一看通信员那风风火火的样子,知道一定有新的战斗任务,也转身向连部跑去。

原来,蒋介石趁着新年到来之际,不断挑起战火,与我军民为敌。

最近又集中了两个军的兵力,凭借美式装备的优势,妄图抢占我长城要塞古北口。上级指示:蒋匪军胆敢进攻我解放区,就坚决消灭它!

这时,董存瑞所在的部队正活动在昌平一带。根据上级指示精神,团指挥部分析研究了已经掌握的敌情,决定再抓个“舌头”来进一步核实,以便最后确定歼敌部署。这个抓“舌头”的任务,团里交给了六连。

六连紧急召开支委会,会上决定从全连挑选四名战士组成捕俘小组,派一个战斗班担任掩护,整个任务由二排长负责指挥。

在研究具体人选时,大家提议,董存瑞可以参加捕俘小组。二排长沉思了一会儿说:“董存瑞机智勇敢,思想觉悟高,是个好战士。可这两天他患感冒,还是让他休息吧。”

恰巧,这时董存瑞来到连部门口,听见二排长说让他休息的话,就急了,连报告也忘了打,就闯进屋里。

“头疼脑热不算病,不用休息!”

董存瑞一进连部就没头没脑地来了这么一句。大家见他火急火燎的样子,都笑了。

连长说:

“你知道我们研究啥事,你就这么急!”

董存瑞说:

“研究任务呗!”

“啥任务?”

“不管啥任务,只要是打蒋匪军的任务,我就不休息!”

二排长见董存瑞态度这样坚决,点了点头说:“好,就算你一个,晚饭后听候命令。”

天刚擦黑,二排长率领精干的捕俘小分队出发了。

经过两个多小时的急行军,小分队来到敌人据点附近。他们隐蔽在一条沟坎后面悄悄地向前方观察着。

敌人的据点设在一个山冈上,四周有两道铁丝网,铁丝网上悬挂着罐头盒、空汽油桶,稍有动静,便叮当作响。在两道铁丝网中间,还设有一条壕沟。远远望去,第二道铁丝网里面有座岗楼,一个挎着卡宾枪的哨兵正在来回走动。

二排长先派两名战士上去，铰断了第一道铁丝网，然后对董存瑞和八班长悄悄地说："后面就看你们的啦！"

董存瑞和八班长一个"猛虎蹿跃"冲了出去，他们钻过了第一道铁丝网后，眼前是一片开阔地，敌人已经把这里的杂草，全都铲除干净了。他俩匍匐前进，爬到壕沟边沿，瞅准敌人哨兵转过脸的机会，一纵身便轻捷地跳了进去。

这道壕沟足有八尺来宽，一丈来深，下来容易，上去可就难了。再说上边就是敌人哨兵，稍不留神，就会有去无回。

八班长让董存瑞做人梯，他上。董存瑞小声地说："我身体轻，我上！"说着，他让八班长蹲下，麻利地蹬上了双肩。八班长扶住董存瑞的双脚，使劲往起一站，董存瑞顺势就上了壕沟。他伏在沟沿上，观察眼前的地形和哨兵的动静。

前边几步远就是第二道铁丝网，敌哨兵大概觉得很安全，挎着枪无精打采地来回踱着。董存瑞趁敌哨兵转身之际，靠近了铁丝网，然后迅速用钳子在铁丝网上铰开了一个缺口。

敌哨兵好像听到有什么动静，立在原地回头看了看，没见什么异常情况，就又缩着脖子踱了回去，董存瑞瞅准机会钻过铁丝网，隐蔽在灌木丛里。这时，敌哨兵又踱了回来。他见灌木丛好像微微晃动，吓得一弯腰，扯着嗓子喊道："出来，不然我就开枪啦！"说完还虚张声势地拉着枪栓。喊了两声见没啥动静，嘴里嘟囔着："妈的，吓老子一跳！"说着，转过身往回溜达……

就在这一瞬间，董存瑞一跃而起，猛地将敌哨兵扑倒在地，一双铁钳子般的大手紧紧掐住哨兵的脖子。

"想要命，就别出声！"董存瑞低声喝道。

敌哨兵被这突如其来的袭击，吓得浑身发抖，哪里还敢再出声。董存瑞连拖带拽，连人带枪将敌哨兵拖进了壕沟，八班长趁敌哨兵惊魂未定，将一条毛巾塞进他的嘴里。

"舌头"捉回来了，任务完成得干净漂亮。团指挥部进一步核实了敌情，完善了作战计划，又打了一个漂亮的歼灭战。

初战军都山

1946年6月，中华大地的上空阴云密布。

经过八年抗日战争的中国人民连一口气都来不及喘，以蒋介石为首的国民党反动派，撕毁了“停战协议”，在美帝国主义的怂恿和援助下，凭借四百三十万兵力和经济优势，悍然发动了对我解放区的“全面进攻”。气势汹汹，不可一世！

秋季，国民党集中了一个军的兵力，分三路进攻我冀热察解放区，企图占领张家口。董存瑞所在部队，奉命赶到延庆、怀来一带阻击南路和东路敌人的进攻。在人民群众的大力支持下，同国民党反动派展开了激烈的战斗。

六连埋伏在军都山上。

天将拂晓，董存瑞蹲在战壕里，擦着早已磨得发亮的刺刀，嘴里念叨着：“你们凭啥抢夺我们的胜利果实，对日本鬼子你们咋当缩头龟？既然不要脸就来吧，看看是你的腿快，还是我的刀快！”他杀敌心切，一面念叨，一面探着身子向山下瞭望。

这时，传来连长的命令：“注意隐蔽，作好战斗准备！”

董存瑞刚钻进工事里，敌人的大炮响了，一时间，敌人的炮弹像雨点般地落了下来，刺耳的呼啸声、爆炸声响成一片。阵地上，弹片、树枝、石块、黄土四处乱飞。炮声一停，紧接着又有八架敌人的轰炸机飞到了阵地上空。又是一阵猛烈地轰炸、扫射。阵地上，硝烟弥漫,尘土蔽日……

轰炸一停止,战士们从土堆里钻了出来。董存瑞晃了晃落在头上的土说:“这叫啥本事,有胆量上来呀!”一个老战士边擦着满脸的泥土边说:“这帮龟孙,仗着美国干老子送给的飞机大炮,想吓唬咱们,打错算盘啦!”

“注意,敌人上来啦!”班长低声说道。

董存瑞趴在战壕边一看,果然见黄压压、密麻麻的敌军,猫着腰向阵地上冲过来。

董存瑞看着蜂拥而来的敌人,着急地冲着连长说:

“连长,打吧!”

“沉住气,放近打!”连长沉着地回答说。

敌人离阵地越来越近,连脸部轮廓也能看清楚了。

“打!”连长大喊一声。

连长的声音未落董存瑞的枪就响了,冲在最前面的敌兵应声倒在地上。几乎同时阵地上的步枪、机枪一起响了起来,敌人顿时被撂倒一片。接着一排手榴弹甩了出去,硝烟起处,血肉横飞。

敌人受到这猛烈的阻击,并不死心。他们慌乱地聚集在前方的沟壑里,企图通过左右迂回,来包抄六连阵地。董存瑞抱起一个大石头说:“狡猾的家伙,以为用枪打不着你们,手榴弹炸不到你们,就占到便宜啦!”大伙儿也跟着抱起了大石头。董存瑞一声喊,一排滚石随即席卷而下,向隐蔽在壕沟下面的敌人砸去……

敌军官兵一阵鬼哭狼嚎,纷纷掉头鼠窜。董存瑞端起枪,瞄准一个撂倒一个,接连打倒了六七个,嘴里还喊着:“我让你跑,让你跑!”

敌人的步兵被打退了,飞机就来轰炸,炮弹也排了过来。战士们看透了敌人的鬼伎俩,飞机来了,隐蔽在工事里,步兵上来,就狠命地打,加上石头砸。就这样,他们扼守在阵地上,打退了敌人一次又一次进攻。

战斗越来越激烈,敌人攻不下我军阵地,就用炮火封锁我军的运输线。有好几次炊事班连饭和水也运不上来。战士们饿得头晕眼花,嘴唇干裂。趁着炮火间隙,董存瑞跑到坡下的一块湿地,挖来了茅草根,然后放在石头上又砸又压,把挤出来的汁儿给伤员喝。

班长说："存瑞，你也喝一点儿，太劳累了。"

董存瑞摇摇头说："现在水就是伤员同志们的生命，一定要留给他们！"

带到阵地上的饼干，被敌方炮火掀起的泥土和碎石埋了一层又一层，董存瑞抢着把饼干挖了出来，分给大伙儿。人们干的嗓子直冒烟，看着饼干吃不下去。董存瑞带头把饼干塞进嘴里嚼了两口，一伸脖子咽了下去，笑笑说："连长不是说过，得道多助，失道寡助，你们看看那是啥？"

大伙儿顺着董存瑞手指的方向望去，原来是给炮弹炸出来的烂泥。

"烂泥，有啥好看的！"有个战士顶了他一句。

董存瑞逗乐地问道："我小时候在老家南山堡看过一个戏法，今天也给各位变一回戏法怎么样！"

那个战士一笑，说："那你就让大家开开眼吧！"

"变变变！"董存瑞笑着说，把饼干放在稀泥里，饼干很快吸收水分膨胀起来。

"人是铁饭是钢，不吃东西哪有劲儿打敌人呀，来，吃下去！"

这下饼干好吃多了，大家在董存瑞的带领下，咀嚼起来。

晚上，连里召开动员会。连长说："根据掌握的情报，敌人调集了十几辆坦克，协同步兵作战。明天的战斗会更激烈，为了有力地打击敌人，连里决定组成反坦克组。"

听了连长的动员，董存瑞第一个站起来报名，连长说，反坦克组不宜人多，人选已定好了。

董存瑞没能参加反坦克组。他想，仗一打起来，情况万变，打坦克也不能只靠反坦克组，还是多准备两手为好。于是，他从连部要来两根爆破筒，又把手榴弹三个三个地捆在一起，全都放在自己的身边。

第二天早晨，敌人的炮击刚过，"隆隆"的马达声便响了起来，果然有十几辆坦克向阵地上爬来。每辆坦克的后面都跟着一群步兵。

等敌人靠近阵地时，六连阵地上机枪、步枪同时开了火，强大的火力网封锁住了坦克后面的步兵。可是敌坦克仍然像狗熊似的向阵地冲来。

连长一挥手，反坦克组的勇士们一跃而起，冲进了坦克群。眼看着有几辆坦克被打得瘫在原地不能动了，可后面的坦克继续冲了上来。董存瑞气得两眼冒火，提起爆破筒，跳出战壕，迎着坦克冲了过去。

“轰！”一辆坦克的履带被炸断了。

“轰！”又一辆坦克被炸得冒起火来。

六连的战士们越战越勇，自制的汽油弹，捆在一起的手榴弹、雷管，雨点般地抛向敌群。在这强大的火力下，敌军死的死，逃的逃，剩下的几辆坦克见势不妙，掉转屁股一溜烟逃跑了。

五连阵地

军都山的战斗在胶着的状态中持续着。穷凶极恶的敌人,每当他们挨过一次打击,留下一批尸体,就更加疯狂地反扑一次。

天刚蒙蒙亮,敌人就像一群疯狗向阵地扑来。战士们奋勇还击,一连打退了十几次进攻,敌人缩回去了,六连阵地暂时安静下来。

董存瑞把枪膛里装好了子弹,转脸看见距离他们四百多米远的五连阵地正打得激烈。在前面一股敌人扑上来后,五连的战士们立刻把他们消灭了,可又一股敌人从后面爬了上来……敌人依仗人多势众,武器精良,发起连续冲锋。有的敌兵偷偷摸摸地爬上了五连阵地,五连的战士,跳出战壕与敌人展开了白刃战。尘雾里,刀光闪烁,杀声震天……这时,董存瑞看见,又有一股敌人冲上了五连阵地……

看到这个情景,董存瑞急得直跺脚。怎么办?请示上级?来不及了!绝不能让敌人从五连阵地打开缺口!想到这,他纵身跳出工事,端起上好刺刀的步枪,飞一般地向五连阵地冲了过去。紧接着,又有几个战士也奋不顾身地跳出掩体,跟着董存瑞冲过去了。

敌人似乎发现了他们的意图,刚刚消停的阵地“噼里啪啦”枪声大作,子弹嗖嗖地两边飞。几乎同时一发子弹划着哨音,从董存瑞的耳朵尖擦过去。

被敌人的火力压制在一个小土坡边上,一时无法脱离的大家铁青着脸,目光像刀子扫过前面的通道,董存瑞问:“同志们,兄弟连正面临危险,我们咋办?”

“豁出去了,坚决冲出去支援他们!”大家齐刷刷地喊。

董存瑞接连扔出几颗手榴弹,趁敌人恐慌的机会,带头朝五连阵地的方向猛冲。

董存瑞越跑越近,这时五连阵地上反应过来的敌人开始朝他射击。

子弹嗖嗖地飞舞,董存瑞压低了身子拧开了手榴弹盖子,一出手扔了过去。

身后的战士们也冲了上来,一边冲锋一边投弹、射击。

董存瑞一冲上五连阵地,枪膛里的子弹打光了,来不及重新装弹,他就端着刺刀就扑上去。有个矮瓜脸的敌兵发现一个空当,手一抬,刺刀斜斜的劈过来,董存瑞挥着枪杆一横,再往外一挂,把他的刺刀给扣住了,顺着劲儿,刺刀捅进了他的肋骨。随后,就碰上了个大个子敌兵。这家伙仗着人高马大,见董存瑞的双脚还未站稳,大吼一声,挺枪直刺过来。董存瑞见他来势凶猛,避开锋芒,麻利地向旁边一闪,敌兵一下子扑了个空,由于用力太猛,身体向前倾倒下去。董存瑞顺势照准敌兵的后心就是一刺刀,只听这家伙“嗷”的一声上了西天。

几个注意到了董存瑞的敌兵,企图过来报复,就端起枪来朝这边冲了过来。董存瑞换上一梭子子弹,很快撂倒了好几个。

这时,最前面的一股敌人即将冲破五连阵地,马上可以在那里撕开一个口子,这样的情形是十分危险的,他们可能意识到了问题的严重性,立即组织火力奋起反击。机枪、步枪和冲锋枪一通猛烈的扫射,混合着手榴弹的爆炸,敌人的气焰似乎削弱了许多,但是并没有真正让敌人甘心退下去。

董存瑞清晰地听到了敌军官的狂妄叫喊:

“弟兄们加把劲呀,给我冲!”

“冲在前面的有赏!”

“要给共军点颜色看看!”

董存瑞接着听到了敌兵与军官讨价还价和撤换弹梭子的声音。他对身边的战士说:

“大家跟我上，让敌人明白到底谁给谁颜色看看！”

董存瑞见几个战士都装满了子弹，连滚带爬，摸到离敌人只有十几米远的敌方。瞅准机会，他们猛然端起枪来一起开火，直打得枪管发烫，子弹打空，随后就从敌人的尸体拽出一挺机关枪，打了一个扇面，嘴里喊着：“不怕死的就来吧，打啊！”

跟上来的战士手里的家伙几乎同时对着敌人欢叫起来。密集的火力水一样泼洒过去。

五连的同志们一看战友增援来了，越战越勇。阵地上，刺刀的碰撞声，枪托的打击声，我军的喊杀声，敌人的惨叫声响成一片……

面对这坚如磐石的阵地，敌人又一次抛下具具尸体，抱头鼠窜了。

阵地转危为安。

五连连长穿过人群找到了第一个冲上阵地支援他们的董存瑞。连长紧紧地握住他的手说：“好样的，叫什么名字？”

“我是六连的！”董存瑞笑了笑，转身又跑回到自己的阵地。

战斗到第十五个日夜

第 15 天,不甘失败的敌人在停息了一会儿后,向阵地发动更加频繁的进攻,战斗从上午一开始就打得非常激烈。

六连得到一个消息,在进攻的敌人背后,可能还有一股不小的敌人在运动。这个消息让连长吃了一惊。

现在战场上的情形,变得对敌人越来越有利了。敌人的兵力不断增加的同时,炮弹和手榴弹炸出的弹坑,也给他们的进攻时提供了便于隐蔽的屏障,影响了我军枪弹杀伤力的发挥。

连长的目光钉子一样,盯着前方的地形和蠢蠢欲动的敌兵,思考着更为有效的打击方式。

战斗已经进行到了决定胜负的关键时刻,在制敌措施上稍有一点儿失误,就有可能使半个月来的鏖战功亏一篑,甚至影响到整个战局。

董存瑞看透了连长的心思,指指身边的三位战士,对连长说:“我们几个商量好了一个打法。”

连长和班长的目光立刻集中过来,问:“存瑞,赶快讲讲有什么好点子!”

董存瑞向连长汇报了刚才和几名战士采用集中火力,猛击一点的战术,专门射击那些冲到前面的顽敌,只要过了“歼灭线”,立即射杀。

班长笑呵呵地说:“我说左侧的敌人进攻中,前头的老是倒栽葱!”

连长排了排董存瑞手里的枪杆,赞许地说:“好你个董存瑞,不但杀敌勇敢,还很有智谋,今天就采用你的建议了!”

在调整了战术后,果然十分奏效,胆敢冲在前面的敌人刚刚进入重点歼灭线,立即被分组歼灭殆尽。

这样很快对于敌群产生了极强的威慑效应。敌兵由于屡遭重创,心理更加胆怯,再不敢强行交锋,最多的时候是趴在掩体内盲目射击。六连的战士们士气更加高昂,战斗力得以进一步提升,仅董存瑞一个小组就创下了连续消灭九个敌人的战果。

这时,敌人的进攻几乎陷入了停滞不前的状态,由原来的激战变成了双方的对峙,看不见敌人,只有流弹在头顶划过。

六连连长朝大家挥了挥手里的帽子,给大家分析说:“这样对峙下去,等待我们的可能是敌人的加倍疯狂,要准备恶战!”

董存瑞趴在掩体里,目光不停搜索着前方的动静。果然不出连长所料,中午时分,战士们刚准备吃点儿东西,就见敌人黄压压、密麻麻地蔓延过来。他们已经会合了后续上来的部队,敌军官挥舞着手枪在后边督战,哪个稍慢了一点儿的,就得挨上一脚。

“看来,敌人豁出老本来了!”连长把军帽扣在脑袋上说道。

敌人一个个像没有脑袋的苍蝇,你推我搡,嗡嗡乱叫,战战兢兢地涌向了六连阵地。

西南角有四五个敌人仗着人多,一起向董存瑞胡乱射击,排排子弹过来,打得地上尘土飞扬,石头上火星四溅。

董存瑞擦了擦脸上的土,骂:“不过瞎打枪的本事,给你尝颗‘定心丸’!”随即举起枪来,打了一梭子,几个敌人的胸口冒着烟,晃了晃,应声栽倒下去。

董存瑞跟班长说:“班长,你去跟连长提个意见,咱不但坚守阵地打,再绕到敌人后边,给他来个夹击,怎么样?”

班长迟疑地说:“连长让咱班坚守阵地,可没说要跑出阵地去跟敌人干。”

董存瑞说:“连长让咱坚守阵地,意思就是不能丢了阵地,如果出其不意地揍他一家伙，那咱们的阵地不就更牢固啦。”

班长点点头说：“那我过去跟连长再建议建议。”

连长当即批准了班长的请求，由董存瑞跟几个战士从左翼包抄，班长带领几个战士打右翼过去。

董存瑞等几个战士跟上来后一起趴下，董存瑞说：“这地形基本没有开阔地，不便于施展射击。”

“那怎么打?”一个战士问。

“别忙放枪，我一拉冒烟，你们就一齐开枪，明白了吗?”董存瑞从后腰摸出两颗手榴弹，拧开盖，把拉环套在手上，伸着脑袋观察了一下前面。

“好，大家准备!”

董存瑞一拉，手榴弹“吱吱”地冒着烟。

“轰”的一声巨响，前边冲起一团烟雾。几名战士立刻借机站起来，端着枪一通猛烈的扫射。

腹背受敌的敌人在躺倒一片之后，惊惶地涌向了六连前沿，接着遭到连长指挥战士们的猛烈射击，死伤惨重。

剩下的敌兵，一见自己吃了亏，咆哮着掏出一颗美式手榴弹来，狠狠地抛向董存瑞。

董存瑞发现后明白，再往后躲闪已经来不及了，随即飞身向前一跃，从战壕内来了个就地十八滚，翻了出去。

董存瑞这一举动，把敌兵一个个吓得惊慌失措，直朝后倒退，结果还没彻底清楚怎么回事，就狠狠地挨了一刀。

六连的战士们一个个越战越勇，越战越猛，后边上来一个肥猪似的敌兵，打红了眼，要跟董存瑞拼刺刀，嗷嗷怪叫着喊：“来，敢不敢亮家伙?”

“傻大个，大草包，来就来!”董存瑞心想，你以为俺枪膛没有了子弹，来找便宜。好，那就比试比试谁的刺刀硬！于是，他抄起刺刀迎了上去。

黑大个浑身透着牛劲，刺刀闪着寒光逼向了董存瑞，一连来了几个直刺。

董存瑞觉得不能以力取胜，眼睛转了转，喊了一声“杀!”，随后就是一脚,踢飞了一颗石子。嚯,不偏不倚,正中黑大个儿的眉心。这家伙晕晕乎乎,还没明白怎么回事,董存瑞的刺刀就插进了他的肚子……

战斗一直打到黄昏。董存瑞同全班战士撤回阵地,突然,一颗手榴弹投了过来,"轰"的一声响后,董存瑞转脸一看,班长血流满面,中弹昏迷过去。此时,敌人已经冲到了跟前,董存瑞大喊一声:"同志们,拼刺刀!"说着,跳出战壕,杀入敌群。又是一场激烈的白刃战,敌人溃逃了。六连的战士们仍坚守在自己的阵地上。

天黑了,上级下达了转移命令。董存瑞从战场上拣来了一大堆手榴弹,隔一会儿扔出几个迷惑敌人。等同志们都撤出阵地后,他才离去。

经过十五个昼夜的鏖战,我军阵地寸土未丢。拖住了敌人,赢得了时间,掩护了地方政府和一些重要战略物资的转移,胜利地完成了阻击任务。

党旗下

战争年代部队生活极其艰苦,急行军是经常的事情。有时,一天要打几次仗,经常是跑了几十里地了,刚刚把饭做好,敌人过来了,就打完了一仗,再转移到新的地方。就这样,打打跑跑,跑跑打打,一天也吃不上一口热乎饭。

面对血与火的考验,董存瑞看到,每当最困难、最危险的关头,连里的共产党员总是冲在最前面。他们把方便让给别人,困难留给自己。董存瑞把这些看在眼里,记在心上。

一天,部队转战到董存瑞家乡一带。在一个村子里,恰巧碰见南山堡的民兵指导员也在这里。指导员拉着董存瑞上下打量着,高兴地说:“行,出息多了,入党了吧?”

董存瑞腼腆地说:“还没有,离党的要求还差得很远呢。”

“好好干!”指导员拍着董存瑞的肩膀说,“我们南山堡出来的民兵没有熊的,我等着你的好消息!”

和民兵指导员分手后,董存瑞的心久久不能平静,他想起了刚参军不久时的一件事。

董存瑞刚参军几天就赶上了一次战斗。首长下达的命令是务必歼灭敌人,不给敌人留退路,达到保证西线部队东进的目的。

面对兵力相当于我军两倍的敌人,全连战士同他们展开了拉锯战。从早晨一直打到中午,敌方伤亡惨重,我方也有一些战士光荣挂彩。

气急败坏的敌人架起来两挺机枪，子弹像雨点一般，朝着六连的阵地上倾泻，地上盛开的山花都被打烂了，迫使战士们趴在岩石后面，抬不起头来。

连里组织了几次反击，都没能成功。急得连长眼睛里喷着怒火，恨不得把敌人给吃了。

指导员提议，让董存瑞所在的排里组织起尖刀小组，先干掉敌人的机枪手，既减轻敌人的火力，也杀杀敌人的威风。

在这战斗最激烈的时候，就听排长大喊一声："共产党员跟我上！"说着，端起刺刀冲入敌群。他眼看着几个老战士毫不犹豫地跟着排长穿梭在弹雨中，当猛扑到敌人机枪前来不及射击，一手抓住已经发红的枪管，一手挥起枪托砸向机枪手的脑壳。仗打完后，他才知道，那些首先冲入敌群的都是些共产党员。他心想，我参加革命队伍，就是来消灭敌人的，也要冲锋在前，狠狠地杀敌。想到这儿，他一口气跑到连部。

指导员正在屋里仔细察看地图，手里的烟头快要烧着手指了，也没有发现有人进来。

"报告指导员，战士董存瑞要求见你！"董存瑞立在门外喊道。

指导员这时抬起头来，见是董存瑞，就问：

"有什么事情吗？"

"我也要参加党！"

指导员看着这个满脸稚气的小战士，热情地拉着他坐下说：

"你先说说，为什么要参加党？"

"拼刺刀，杀敌人，不入党哪行？反正我要参加！"董存瑞摇着拳头说。

"哟，入党就为了拼刺刀，杀敌人吗？"指导员问道。

"哪还为啥？"

"你想到过没有，等把反动派全消灭光了，共产党员要干的事情多着哪！"指导员见董存瑞睁着一双明亮的眼睛看着他，接着说，"共产党员在建设新中国的斗争中，同样要发挥先锋模范作用呀！"

董存瑞似懂非懂地点点头。

指导员耐心地对他说：积极要求入党的愿望是好的，但光这还不够，还要努力提高对党的认识，提高思想觉悟。因为，中国共产党是人民利益的代表，共产党员要为实现共产主义事业而奋斗终生。接着，指导员又给他讲述了党的性质、纲领和党员的义务，鼓励他向党员同志学习，处处严格要求自己，争取早日加入共产党……

自从这次谈话以后，董存瑞暗自下了决心：要用自己的实际行动，递交一份合格的入党申请书。

在战斗的间隙，董存瑞常常捧着从指导员那里借来的一本《党章》，认真地学习。他识字有限，除了请教排长和班长外，哪个战士只要能识得几个字，他就缠着求人家解释每一句话的含义。渐渐他对党员的责任、作用有了进一步的理解了，奋斗的决心更大了，信心更足了。

一九四七年三月，部队在牛栏山打了一仗，然后转移到沙峪、渤海所一带整训。

一天傍晚，指导员把董存瑞叫到连部，拍拍炕沿说："坐下吧。"

"指导员——"董存瑞搓着双手说。

"怎么扭扭捏捏的，忘了你刚参军后，跑到我这里说什么来着？"指导员笑着说。

怎么能忘记呢，一想起那件事，董存瑞还觉得不好意思呢。

指导员拉着董存瑞坐下说："自从那次谈话后，你进步很快，入伍两年来，训练中你刻苦认真；战斗中机智勇敢；群众工作也做得不错。同志们对你反映很好，经党支部讨论，请你正式填个入党志愿书吧！"

听了指导员一席话，董存瑞觉得胸口一热，两眼湿润了。他张了张嘴，不知说什么好。

"存瑞同志，有什么话就讲吧。"指导员很理解他此刻的心情。

"和连里的党员同志比，我做得还很不够……"董存瑞诚恳地说。

几天后，支部召开党员会，讨论董存瑞入党问题。

董存瑞第一次参加这样的会，一颗心激烈地跳动着。会上，大家都同意吸收董存瑞入党，没有提出不同意见。但就要表决时，却有一件事引起了争论。

原来，有个党员说了这样一件事：有一次，连里杀猪改善生活，炊事班的同志就把猪心留下另炒了个菜，给连部送去了。就为这点儿事，董存瑞对连干部提出批评，说干部不该搞特殊。这个党员说，董存瑞这样做，是对干部尊重不够，缺乏阶级感情。

还有的同志说：连首长天天带着我们行军打仗，日夜操劳，最苦最累了，多吃个猪心是应该的，董存瑞这是大惊小怪！

一时间，同志们为这件事，争论来争论去。

这时，六班长站了起来，大家一看是董存瑞的班长要发言，都静了下来。

六班长威信高，说话做事一向很稳重。他看了看在座的同志，说："刚才说的这件事确实是真的，可因为这件事说他对干部不尊重、爱护不够，我看不对！"

会场上传来几个同志的耳语声。

六班长接着说："有一次，董存瑞出去执行任务，一天下来饭没粘牙，饿得直打晃，别人送给他几块粘糕，可他想到连首长也饿了好几顿，一口没舍得吃，带回来送到连部。还有一次，敌人的炮弹落到首长身边，董存瑞立刻扑上去，用自己的身体掩护了首长……同志们这叫缺乏阶级感情，不关心、不尊重干部吗？"

这一说，大家都动心了，会场上静悄悄的。

连长站起来说："一个猪心虽小，可董存瑞给我们敲起了警钟，他是希望我们的干部不脱离群众，和大家同甘共苦，并肩战斗，更好地去完成我们肩负的任务。同志们，这才叫真正尊重、爱护干部呢！"

连长的话说完后，响起一阵热烈的掌声。

最后，党支部大会一致通过了董存瑞的入党申请。

不久，上级党委批准了六连党支部的大会决定。董存瑞光荣地成为中国共产党的一名党员。

痛击顽匪

为了破坏刚刚建立起来的红色政权，国民党反动派挖空了心思，用重金收买一些地痞土匪，又送给他们武器子弹，指使他们来骚扰革命政府，杀害革命干部。

董存瑞听到消息后心想，如果有机会，一定好好教训教训这些残渣余孽，坚决保护好我们的胜利果实。

这天，天空阴沉沉的，头顶上，如同扣着一口锅。

董存瑞所在的班接到命令，到一个地方去拦截一股土匪。

队伍迅速出发了，路上没有一个人说话，只有“橐橐”的脚步声。

董存瑞摸摸背上的枪和身上的子弹，心里很满意，自己对自己说，枪是新缴获来的，子弹足够用的，敌人不过是攒鸡毛凑掸子，来了就等着挨揍吧。

有一位区干部赶来报告：有几十号敌人，袭击了区公所。所有区干部和年轻人都钻了地道，敌人扑了空，见只有几个老头子，也问不到什么，就抢走了一些粮食和衣物。

董存瑞着急地一挥手说：“看来，敌人要走！”

班长说：“不要紧张，仗肯定有你打的。我们斜着插过去，伏击敌人。”

战士们奔跑着，大家的脸上都洋溢着兴奋而激动的表情。董存瑞觉得自己浑身汹涌着狂潮一般的力量，暗暗地较劲儿，“今天一定要让你们这些坏蛋有来无回!”

很快队伍到达了埋伏地点,等待着路过的土匪们。

突然,前面出现了一队人马,乱哄哄的,有的背着抢来的包袱,有的抬着麻袋,随着骡马的嘶叫声由远而近。

班长喊了一声“打”,一个黑胡子的家伙像一口袋粮食一样,沉甸甸地倒下去。紧接着战士们甩出了一排手榴弹,在敌群里连续爆炸开来。

敌人在遭到战士们的一阵猛打后,撂倒了几具尸体,然后退缩到了一道土坡下面。

但是,战士们低估了敌人的疯狂。敌人的机枪清脆地来了几个点射,紧接着就像是刮旋风一般横扫过来。有个战士的帽子上给子弹串了一个洞,惊得他一吐舌头,半天没有缩回去。

敌人见他们已经占了上风,枪声更紧了,到处子弹乱飞,尘土飞扬。有的敌人得意忘形地喊叫起来:“你们跑不了啦! 共军投降吧!”

气得董存瑞狠狠地投了一颗手榴弹后,滚到一棵大树后面。经过侦察发现:敌人借着机枪的掩护,正在抢着做简单的工事,摆出了决战的架势……

“怎么样?”班长的用双手卷成喇叭筒,朝他问道。

“都是‘中央军’送给的美式家伙。”董存瑞狠狠地把帽子扯下来,拍拍上面的土说。

战士们喊:

“跟他们拼了!”

“敢跟革命政权作对,坚决消灭他!”

董存瑞向班长请求道:

“现在硬拼不行了,我们得改变打法。你们在右边,我从左边穿过去打吧!”

班长同意地点点头,命令另一个战士跟随董存瑞过去。

又是一排手榴弹的轰鸣,烟雾腾起来了,弹片在空中呼啸。董存瑞示意跟随他的战士一起跳出掩体,朝敌人的背后猛冲过去。

在离敌人的机枪不远的地方,董存瑞停下来,对身后的战士说:“你在这里吸引敌人的火力,我去炸掉敌人的机枪!”

那位战士抢着说："还是我去吧！"

董存瑞说："不要争了，我手榴弹投得远些！"

那位战士举起枪来，打了一梭子后，果然敌人的火力被吸引了过去。

董存瑞匍匐着，顺利地靠近了敌人的机枪阵地。子弹不停地打在他的身边，一串串土花绽放开来。

"狗日的，看你有多疯狂！"董存瑞迅速从腰里拔出来一颗手榴弹，随即一跃，就把它甩向了抱着机枪的敌人。

敌人的机枪立刻哑巴了。他奋力喊道："冲呀！"这喊声像晴天炸雷一样，吓破了敌人的胆，激起了战士们的威风。大家挺起闪着寒光的刀，冲向敌人……

敌人慌乱了，在留下几具尸体后，转移到三颗树后面的土岗子上，组织了一下力量继续抵抗，密集的子弹咆哮着从空中飞过。

"共产党员，死都不怕，还怕你们龟孙子们不成！"董存瑞平端着枪，枪口里的子弹朝着敌人的方向横飞。

此刻，董存瑞顾不得脸上淌着汗水，皮肤擦破了，流着血。他甚至顾不得自己正置身在一瞬间就有可能造成死亡的危险中，他的脑海里想得都是杀敌，杀敌，咱是共产党员啦，一定要多杀他几个……

快到中午了，敌人依然在射击着，似乎没有停止的迹象。几个战士同样与敌人不停地对射。董存瑞看见敌人的一个头目，在岗子背后不时地伸出头，偷窥战场的情况，就说，"要瞧就瞧吧，反正这里是送你上西天的地方！"便"叭"的一枪，把那个头目放倒了。他利用一段破涵洞做掩护，对着那些暴露在枪口下的敌人，一边打还一边数："一个，两个，三个……"

就在这时，阴沉的天空突然下起雨来，开始很小，但是，越下越大，转眼就一片汪洋了。

班长爬过来，低声说："存瑞，咱们撤吧！"

董存瑞正在打得起劲，注意力集中在前面暴露的敌兵脑壳上，只回答了一句："该撤再撤！"

董存瑞的神气，让班长心里一乐："敌人能碰上这样的战士，他们算是完了！"

敌人仍然不甘心自己的失败，他们壮起了胆子，朝这边又扑来了。

董存瑞刚直起腰，就传来喊声："杀呀！"

董存瑞跳起来，掏出一颗手榴弹就扔出去。他又随手从敌兵尸体上捡起一杆冲锋枪，摆动着扫射。

他的衣服不停地淌着雨水。

忽然，有一群敌人边往前跑边射击着，朝董存瑞扑来。还乱糟糟地尖声怪叫。那个战士说："这群疯狗人真多，就像一窝蜂！"

董存瑞接了一句说："屎壳郎再多，也架不住一泡尿！"随后打过去一排子子弹，"噗噗"地撂倒了前面最嚣张的几个敌人。

就在敌群连连败退的时刻，突然从水洼里蹿起一个敌人，那家伙用枪托照董存瑞脑袋打来。董存瑞闪了一下，飞起一脚，踢到了敌人的裤裆上。那个敌人蜷缩着身子栽倒下去，在积水中溅起一片水花……

恰在这个时候，排长带领增援的队伍赶来了，我军四面合围，剩下的敌人全部乖乖投降，做了俘虏。

我们要去陕北

这是个花儿开放的时节，前方传来一个令人震惊的消息：延安被蒋匪军侵占了。

延安是民主圣地，是党中央毛主席居住的地方，怎能容许反动派踏进半步。董存瑞的胸中像燃起了一团烈火。他提着枪，气冲冲地跑到连部，对指导员说：

“我们去陕北，保卫党中央，保卫毛主席，保卫延安，保卫陕甘宁边区，打退敌人的进攻！”

指导员端详着董存瑞那副刚毅的表情，沉着地说：

“为什么要去陕北呢？我们在这里消灭敌人，不也是保卫党中央，保卫毛主席吗？”

“可延安——”董存瑞一时还想不过来。他的脑海里只翻腾着从大家的传说中知道的枣园村，王家坪，边区政府，清凉山，宝塔山，延安城，桥儿沟。

“是，蒋介石为首的国民党反动派，凭借四百三十万兵力，把没有飞机坦克、大炮很少的一百二十万中国人民解放军和中国人民，根本不放在眼里。他们是占领了我们的延安，可那是党中央主动撤离的，是甩给蒋介石一个大包袱背。毛主席不是说了嘛，不要在乎一城一地的得失，存人失地，人地皆存；存地失人，人地皆失。就是要以消灭敌人的有生力量为主要目标。别看胡宗南占领了延安，他的日子长不了！”

没过多久，果然传来喜讯：撤出延安仅仅六天，我西北野战军在青化砭消灭了胡宗南一个旅，活捉了旅长李纪云。

听到这大快人心的好消息，董存瑞高兴地手舞足蹈。他见了连首长就问："我们什么时候也打个大胜仗，给党中央报喜？"

连首长故意用严肃的口气说："嚯，几天没和敌人打仗，就着急啦？"

董存瑞却认真起来，问："连长，眼看着人家兄弟部队三下五除二把陕甘宁给拿回来了，咱这里可好，连个像样的仗也没打，咱共产党员脸上没面子不是。"

战斗任务下来了，上级决定攻打察北重镇独石口。

听说又要打仗了，董存瑞又是擦枪，又是磨刀，心里念叨着："看蒋匪军能疯狂到哪一天，这次一定多杀他几个，要是有一天见了毛主席，我就告诉他，咱共产党员没丢人！"

部队沿着山谷平川，向着独石口奔袭。

战士们歼敌心切，行起军来一阵风似的。董存瑞个子小，却跑得最快。带路的是位老大爷，他见董存瑞那股冲劲儿，就故意逗趣说：

"小同志，你跑这么快干啥呀？"

"打老蒋，打反动派，保卫党中央和毛主席呗！"

"好，好，就冲咱解放军这股劲头，蒋匪军的狗命也长不了喽！"说完老大爷爽朗地笑了起来。

第二天傍晚时分，部队包围了独石口，六连奉命来到镇外的西南山下，准备抢占山上的制高点。

不料敌情发生了变化。原来，这天独石口的敌人正在换防，一个步兵团还没走，又来了个骑兵团。两个团的力量挤在一起，敌人兵力增加了一倍。

听到这个情况，战士们的斗志更旺盛了。

有的说："这仗可有打头了，两个团咱给它来个一锅端！"

有的说："这次咱狠狠挖蒋介石老小子一块肉，让他难受难受！"

也有的说："敌情发生新变化，这个仗还能打起来吗？"

董存瑞满怀信心地说："要我看，我们既然来了，就不会白来。这个仗是板上钉钉——打定啦！"

"为什么?"有一个和董存瑞差不多年纪的小战士问道。

"那还用说,全国都快解放了,咱们还能放过这些敌人,让他白跑了!"

正说着,连长来到了,他说:

"同志们,放心吧,这个仗是打定了!"

连长见战士们求战情绪很高,幽默地说:"我们要来个大会餐,好好吃它一顿!"

"对,大会餐,吃掉它!"

听了连长的话,同志们的情绪更高了。这时,就听连长对二排副排长交待任务说:

"山上有刚换防的敌人一个加强排,你带领三个战士先抹掉敌人的哨兵,记住,不准放一枪,免得惊动城里的敌人。"

连长刚把任务布置完,董存瑞就拉着副排长,硬是把这个任务抢到手里。

趁着夜半天黑,副排长带领董存瑞和另外两名战士,向山上运动。他们沿着羊肠小道,借着小树林的掩护,摸到离敌人哨位不到五十米的一座山丘下隐蔽下来。

山上有一座破碉堡,碉堡前有敌人的两个哨兵。他们早就让解放军打得吓破了胆,谁也不敢远离碉堡,缩着脖子一边转悠一边咋呼。

董存瑞观察了一会儿,扭头对副排长悄悄地说:"看样子,这两个家伙是刚上岗的,过一阵可能要松懈下来。"副排长点点头,示意大家耐心等待。

过了一会儿,敌哨兵见没有什么异常情况,钻进了破碉堡里,避风去了。看准了机会,副排长一挥手,董存瑞和另外两名战士一个箭步冲了过去。两个正在打盹的敌哨兵,还没弄清怎么回事就被缴了枪。

从俘虏嘴里他们弄清还有一个排的敌人正在不远处地窖里睡觉。副排长立即向连长发出信号,连长带领全连迅速冲上来,全部俘虏了睡梦中的敌人,占领了西南山的制高点。

天拂晓时,敌人设在四周围山上的阵地,也先后被兄弟部队摧毁。紧接着,一声令下,我军从四面八方向镇内敌人发起猛烈地攻击。一时间炮弹、子弹像雨点般地落向城里。敌人招架不住,纷纷弃城逃走,刚一出城,就被我军包围在河套里,全部歼灭。

仗打完了,董存瑞拉住班长兴奋地说:"这顿大会餐吃得可真过瘾!"班长笑笑对他说:"后边还有好吃的哩!"

独石口战斗后,部队回师东进,日夜行军,寻找战机。

这天,天刚蒙蒙亮,董存瑞正和战友走得满身是汗,突然传来准备战斗的命令。

原来,敌人一个骑兵团从张北出来,昨天经过这里,天黑后,就在前边一个名字叫作柄旧屯儿的村庄里宿营了。上级得到情报后,决定就地围歼这股敌人。

董存瑞一听有仗要打,手心就痒痒,高兴地说:

"没准在这里还能缴获他一匹战马,要是像样的,一定请首长去送给毛主席。"

连长一声令下,他第一个向村子里冲去。突然,敌人的一挺机枪从对面围墙上迎面扫来,前进的道路被封锁了。董存瑞心急如焚,几次想起身冲过去,可子弹压得他抬不起头来。怎么办?如果不迅速拿下这个火力点,时间太久,就不好收拾了。

正寻思着,就听排长命令道:

"六班长,立即干掉前面这个火力点!"

"班长,我上去!"

一听到排长的命令,董存瑞扭头就向班长请战。

"机枪掩护!"

班长话音一落,董存瑞拔出两颗手榴弹,就冲了出去。敌人的子弹一梭连一梭地盖过来,就在他脑前脑后"啪啪"直爆。董存瑞利用地形、地势爬一阵跑一阵,转瞬间就接近了围墙。他扬手扔出一颗手榴弹,但围墙有两道,敌人的机枪在第二道围墙后边,手榴弹根本没有炸着它。敌人的机枪打得砖头瓦片落了满地。他又向前冲了几步,接着扔出第二颗手榴弹,果然还是没有炸着。董存瑞乘敌人换梭子的机会,抄起木棒将打着的一捆干柴挑起来,使劲抛向敌人。敌人被浓烟呛得"叩叩"直咳嗽,董存瑞借机纵身跳过围墙,一下子就滚到了第二道围墙下。他抬头看了看,这墙不到一人高,墙上有个缺口,敌人的机枪就架在缺口上。他摸了摸腰间，手榴弹用光了。

看着正在喷火的机枪，他抓起一块石头，心说："我非把你夺过来不可！"

他主意已定，身子紧贴着墙，躲在火力死角，瞅准正在发射的枪筒，先是将石头拍向一个敌人的脑袋，然后猛然一跃，伸手抓了过去。

那打红了的枪筒子，烫得手掌疼痛钻心，他咬紧牙关，脚往墙上一蹬，双手猛地一较劲，硬是把那挺机枪夺了过来。他调过枪口，翻过第二道围墙，第一个冲进了敌群。

"冲啊！"

"杀呀！"

敌人的封锁线被打开了，部队潮水般地冲了过去。敌人像炸了窝的马蜂，没头没脑地乱窜乱跑……经过两个小时的激战，敌人骑兵团被我们全部消灭。战斗结束了，董存瑞在独石口和旧屯的战斗中，表现突出，经过民主评议，上级批准，荣立大功一次。小功两次。但是，董存瑞却不好意地说："俺本来还要亲手给毛主席缴获一匹好马哩！"

道　歉

我军为了加紧对敌攻势,不断扩大战果,用双腿和敌人的汽车轮子展开了一次又一次的赛跑。

一些战士由于在急行军中经常饮用生水,染上了痢疾。

一大早,就有几个班长和排长跑到连部,向指导员报告:

“报告,我班昨夜又增加了两名拉稀的战士!”

“我们班,已经有五个战士闹肚子啦!”

“我班有的战士拉痢疾,已经开始发烧,不能起床了!”

指导员听完大家的汇报,眉头紧缩,心事重重。他知道,目前部队药品匮乏,一时难以补充。战士患病的情况继续下去,势必影响到队伍的战斗力,后果很严重。

“告诉炊事员,要多熬些姜汤,首先保障卧床战士的饮用!”指导员下达了命令。

有个班长回答:“我们连坐热砖头这样的办法都使用了,可还是作用不大。”

“指导员——指导员——”

这时,董存瑞气喘吁吁地跑过来,朝指导员行了个军礼说:“首长,我们排长和班长都拉稀了,走路都有气无力,可还对大家保密!”

“是啊,存瑞同志,这个问题确实严重,必须尽快解决。”指导员在地上踱来踱去,深深地吸了一口烟,“可是,暂时还没有管用的办法。”

“我有个土办法,保准管用!”董存瑞望着指导员,认真地说。

“董存瑞同志,你真的有治好痢疾的办法?”

大家立刻围过来,用审视的目光盯着董存瑞。大家心里确实不敢相信,心想:首长、老兵,还包括卫生员都没有想出什么好办法来,差不多数你岁数最小的一个小战士,不显山不露水的,还能身怀绝技?然而,大家又一转念,觉得董存瑞作风扎实,办事较真,从来是说到就做到,不说过头的话……

指导员看透了大家的心思,就让董存瑞先坐下,然后一字一板地说:“我首先表态,要相信我们革命队伍中的每名同志。董存瑞同志如果确实有管用的药方,我看可以大胆地来试一试!”

指导员的支持,鼓舞了董存瑞,他说:“报告指导员,我有个请求,得给我配备一名会爬树的同志,一起到五里外的杨屯去一趟。”

“要去杨屯?”指导员问董存瑞。

董存瑞点点头。

指导员立刻喊来了通信员,吩咐:“你的爬树本领不赖,跟董存瑞同志到杨屯去。”

通信员听说到杨屯去跟董存瑞爬树,似乎犹豫了一下,但随后还是打了个敬礼,答应了。

他们奔跑着,一刻都不敢停歇,额头挂着汗珠,衣服都让汗水湿透了。有几次通信员跟不上趟儿,急得董存瑞赶紧去拉他。

中午时分,董存瑞和通信员终于赶到了杨屯村边的杨树岗子。

蹲在一排高可参天的大杨树下,董存瑞朝上指了指说:“我们现在的任务是爬树。你看那树梢山长着一样东西!”

通信员表示怀疑地问:“那东西能有啥用呀?”

“在俺家南山堡,全管它叫‘茅啦莎’,挺怪的名字,治起痢疾来,可灵验了。”

通信员惊奇地摸摸脑袋说:“我们老家管这个叫杨树穗子,干了就从树上飘落下来了,都是任凭它烂掉。”

实际上,这种土著品种的杨树,每到春天结出的杨树穗子,是一味草药。据说,具有驱寒、解毒的奇效。家里哪个患了痢疾,不管多么厉害,只要按照红痢用红糖水一起服用、白痢用白糖水来一起服用的办法去做,没有不立即康复的。

眼下已经过了季节,杨树穗子很少,所以,只得爬上十几丈高的树梢去采摘。

董存瑞示意通信员上树后,自己率先寻到一棵又粗又高的大树爬了上去。

他爬呀,爬呀,快到顶端的时候,树干摇晃得很厉害,风声在耳边呼啸,似乎要考验他的意志和胆量。他使劲儿把身子贴紧,试着伸出手去摘了一颗,然后两颗,三颗……费了好大的工夫,终于摘满了怀里的军帽,这才从树上下来。

这时,他发现通信员还没有爬到树上,就下来了,手里空空的,压根儿就没有摘杨树穗子。

"通信员同志,你明白不明白我们到这儿干啥来了?"董存瑞严肃地问道。

通信员站在树下,愣愣地望着董存瑞,不好意思地回答:"我、我刚爬到半截……"

"同志!"董存瑞感到自己身上的担子更重了,瞅了瞅天上的云,觉得所有的杨树一下子增高了许多,高得令人目眩。他着急地打断了通信员的解释,说:"我们都是革命战士,肩负着很重要的任务。如果你有意见,可以提出来。不过,既然来了,对于首长分派的任务,咋能消极对待呢!"

"情况是这样的……"通信员跟他申辩道。

"是啥情况也比不上大家的身体重要,同志!"

董存瑞感到最不能接受的是,通信员不但不接受他的批评,反而气呼呼地扭头朝岗子下面走去,只给了他一个背影。

"真是的!"董存瑞很不高兴的埋怨了一句。一想,不要再跟他理论这些来耽误时间了,还是我自己来吧。

董存瑞赌气一般,一口气连续爬了七八棵树,然后把采集的杨树穗子装到布袋里,没有理睬通信员,径直踏上了返回的道路。

回到部队后,董存瑞顾不得休息,赶忙找来沙锅把杨树穗子焙成了焦粉,然后分给患痢疾的战士服用。

果然,效果很好,迅速控制住了痢疾在队伍里的蔓延。

"俺吃了你给的药,半天就好了!"

"董存瑞,你真了不起!"

——大家高兴得朝董存瑞直挑大拇指。

连长拍着董存瑞的肩膀说:

"存瑞同志,你可为咱们的部队解决了大问题呀,上级首长也知道了你用土药方给大家治病的消息,对你提出表扬哩!"

这时,董存瑞向首长报告了通信员在执行任务时,没有尽到革命战士应尽职责的经过。连长对董存瑞笑了笑:"你反映的情况,我已经知道了。"

这时,指导员走过来,握着董存瑞的手:"董存瑞同志,不愧是共产党员,敢于批评错误,这是我们应该提倡的。一切革命队伍的同志都要认真开展批评和自我批评。即使批评错了也不要紧,有则改之,无则加勉嘛……"

第二天,按照战士们的请求,连队召开大会表扬董存瑞同志。会场上,战士们手握钢枪,雄赳赳气昂昂,列队站立。

指导员满意地扫视了一下大家,微笑着说:"大家的精神状态很好,我们终于战胜痢疾这个病魔了。前几天可不是这样的,一个个蔫得很,老往茅房里跑嘛。"

大家听到这里,"哗"地笑起来。

指导员接着说:

"大家一致要求表扬董存瑞同志,更重要的是,我们应该学习他满腔热情,关心同志的精神……"

队伍里响起一阵热烈的掌声,尤其是通信员,把巴掌都拍红了。

"报告首长,让我讲两句吧。"董存瑞请求道。

指导员挥了挥手说:"好,请到前边来跟大家讲一讲。"

董存瑞出列后,跑到队伍前面,给大家敬了一个礼说:"俺要讲讲俺的缺点。"

队伍里传来唧唧喳喳的声音,有个战士低声问:"存瑞,是我们听错了还是你讲错了?"

董存瑞诚恳地说:"俺讲的全是心里话——"

大家的目光"刷"地投到董存瑞身上,都不明白他的意思,这时只有指导员在一旁微笑,洋溢着信任和赞许的表情。

“首长讲过,一切革命队伍的同志都要认真开展批评和自我批评。在这里我要先作一个自我批评!”

接下去,董存瑞讲述起那天采摘杨树穗子去,通信员正患痢疾,身体虚弱,发着高烧,爬不上树去是因为有实际情况。可自己却没深入了解,犯了主观片面的错误,不但随便批评同志,还要态度,伤害了同志。

通信员在队列里挺了挺身子,仰着脸说:“存瑞同志,你那天辛苦了,为了大家,不怕危险,咱打心眼里佩服你的那种勇敢和顽强的精神!”

董存瑞接过话茬儿认真地说:“俺做的那点儿事,还不都是一个革命战士应该做的。再说,桥归桥,路归路,有缺点,就得做自我批评嘛。在此,俺诚心诚意给通信员同志道个歉!”

这时,会场上一片肃静。一双双眼睛望着董存瑞,投去赞许的目光。

指导员拍了一下巴掌,顿时,整个队列里爆发出一阵雷鸣般的掌声……

心里装着同志

这天，部队接到命令，向热河西部进军。

浩浩荡荡的队伍，蜿蜒崎岖的道路，仿佛在无休止地延伸着。

董存瑞甩开大步，走在六班的最前头。

“瞧，咱们班长多带劲儿，跟着他行军，走多远都不觉得累！”班里的小战士刘祥，今年还不满十七岁，又机灵又爱说话。董存瑞回头看了看他，笑着说：“刘祥，你忘了，第一次行军，是谁累得直哭鼻子？”

“班长——”刘祥知道说的是他，便笑嘻嘻地说，“那是老皇历啦，如今咱也是——”

“哟，入伍八个月的老战士也摆起资格来喽！”一个老战士笑着接过他的话茬儿。

“咱这是实话，班长不是常说，要跑步前进嘛。俺还觉得自己进步得慢哩！”

……

部队在一片轻松的气氛中行进着。

这是一次长途行军，董存瑞不放心，不断地回头察看着。他见新战士郅顺义走起路来有点儿吃力，便停下脚步，等他走到跟前时，关心地问道：

“第一次走这么远的路，能挺住吧？”

“放心吧，班长。咱是脚不当家，身上的劲还多着呢！”郅顺义挺挺胸脯说。

“凡事开头难。第一次行军打仗，免不了打几个水泡，走几次就好了。”说着，他一个冷不防就去夺郅顺义的背包。

“班长，我行。”郅顺义虽然是个新兵，可年纪却三十岁了。他知道班长虽说是个“老兵”了，可刚刚才十八。他怎么能让班长为他背背包呢，他抓着背包带不松手。

“别夺了，就算借给我背背，我也练练劲嘛！”董存瑞说。

“班长，你跑前跑后比谁都辛苦……”郅顺义就是不肯松手。

“我说老郅啊，你就借给咱班长背背吧，每次行军，他要是不背两个背包，扛两条枪，浑身准痒痒得难受。”小战士刘祥见他俩来回夺，插话说。

在同志们笑声中，背包到底让董存瑞夺了过去。

郅顺义的心里涌起一股股热浪，多么好的革命队伍，多么好的班长啊。他想起刚进班的那一天，班长董存瑞拉着他的手，问长问短。见他还没有军装穿，就把自己一身半旧的军装和一双新鞋子塞到他的手里。晚上，他第一次站岗，班长知道他没有经验，就一直陪着他。告诉他站岗放哨，要注意隐蔽自己，站在视野好，又不易被敌人发现的暗处。要眼观六路，耳听八方。问口令时，要短促，洪亮。问完立即变换自己的位置，遇到生人需要盘查时，要叫对方拍着手走过来，谨防吃亏上当……

“同志们，别闷着头走路啊，来，咱们一起唱个歌！”董存瑞见大家走累了，便带头唱起来。立刻，队伍里荡起了愉快的歌声：

你帮我背背包，
我帮你扛起枪；
咱们都是亲兄弟，
团结一心上战场。
……

傍晚时分，部队来到了宿营地。董存瑞不顾一天行军的疲劳，放下背包，就领着全班战士给老乡挑水、扫院子，忙个不停。

晚饭后，董存瑞一手提着桶热水，一手端着个洗脚用的盆子，走进屋里："来，都烫烫脚。"他见郅顺义鞋子也没脱，穿着衣服躺在了背包上，就把热水端到他跟前说：

"要是这样躺下去，明天起来就一步也不能走了。"

董存瑞边说边为他脱鞋脱袜。

"别，别，又臭又脏的。"郅顺义往后直挪身子。

谁想，董存瑞手脚麻利，转眼就把鞋袜给他脱了。

只见郅顺义两只脚板上磨出了好几个大水泡，一个个鼓得透亮透亮。

"嗬，缴了这么多'大炮'，还怕我们参观啊。"董存瑞一句话，逗得郅顺义和同志们都笑了。

帮着郅顺义烫了脚，董存瑞又拿起针来引上马尾，小心翼翼地穿在每个水泡上。不一会儿，泡里的水就顺着马尾流了出来。

"站起来，看看还疼不？"休息了一会儿，董存瑞让他站起来试试。

"班长，你这法儿真灵，不疼啦。"郅顺义高兴地说。

"国民党反动派就怕咱这副铁脚板，龟孙们跑到哪儿我们能追到哪儿，这可是我们干革命的本钱哟！"

一句话，说得同志们全笑了。

部队连续几天行军，营养一时没有跟上。上级考虑到沿途都是新区，由于蒋匪军长期蹂躏，老乡的生活非常困难，指示部队，不要现地筹粮。要求各连把自带的黑豆分到班里煮着吃。

同志们了解了眼下情况后，都纷纷表示，宁肯饿肚子，也不给当地老乡增加负担。从此，每当黑豆煮好，大家总是互相谦让，谁也不肯多吃一口。而董存瑞到这时，就出去打水或干点儿什么活儿，他想的是，我少吃一口，同志们就能吃得饱一点儿。

这天，队伍行军到了一个村子里休息。董存瑞和大家一起支锅立灶，等黑豆煮熟了，班长却又不在了。郅顺义年龄大，又是个有心计的人，猜想董存瑞准是又故意躲出去了，便放下饭碗去找。

他转了一圈，发现董存瑞正帮助老乡挑水呢。他一把拉住董存瑞说：

"班长，你还一点儿东西没吃呢。这样下去，你的身体会搞垮的!”

董存瑞拍拍肚子说:

“老郅啊,我的身体好,饿一顿两顿没啥,你先回去吃,到班里可不要瞎广播啊!”

郅顺义紧咬嘴唇,眼泪扑簌簌流了出来。

还有一次,刘祥得了重感冒,一连几天高烧不退,连走路都是摇摇晃晃的。董存瑞坐他身边说:“老是不吃饭咋行呢,身体是革命的本钱,还是尽量多吃一点儿吧。”

“班长,咱不饿。”刘祥回答。

“还说不饿,肚子都瘪下去了!”董存瑞给他盖了盖被子,就出去了。

“班长你……”有个战士喊道,因为现在连队已经没有一点儿可以做病号饭的东西了。

董存瑞没有言语,悄悄离开住处,朝村后走去。

董存瑞来到一条小溪边,挽起裤腿,“扑通”跳进冰凉的流水里。

有个老乡看见了,问他干什么?董存瑞告诉老乡说:“老大爷,我想抓几条小鱼。”

老乡关心地说:“孩子,这天冷呐,在水里待得时间长了,会落下毛病的!”

“没事儿,老大爷!”董存瑞硬是坚持泡在刺骨的溪水里,裤腿和袖子都湿透了,他依然不停地摸来摸去,直到抓出几条小鱼儿,才用柳条穿好回去。

战士们心疼地望着班长冻得红红的双腿和划出一道道血口子的脚板,一起围过来让他赶紧休息,他却毫不在乎地说:“蹭破一点皮,不要紧。再不给刘祥补补身子,他就垮了。”

于是,他又跑到老乡家里,借来了铜勺,为刘祥熬起鱼汤来。一直到很晚了才上床去……

大家都知道,董存瑞不但对同志们好,而且也要求得很严。有一天,部队刚宿营,董存瑞就到连部开会了。回来后,他听说有一个新战士,多烧了房东一捆柴禾。一打听,原来是房东大娘为了让战士们晚上睡热炕,好解乏,亲自送来,硬是让这个战士烧的。

当天晚上，董存瑞越想越觉得这事做得不妥。人民群众爱自己的军队，可我们更要把人民群众的利益放在头里，一草一木都不能乱动啊。

第二天一大早，趁部队出发前的一点空儿，董存瑞领着全班战士上山打了柴禾，背回来还给房东大娘。

军号吹响了，队伍又要出发了。房东大娘依依不舍地把六班战士送到村口。部队已经走出好远了，她和乡亲们还在深情地遥望着子弟兵：多好的队伍！多好的班长啊！

青云顶伏击战

1948年1月的一天。

我军根据情报得知,敌军一个师要路过四海地区,去援救另一部即将被我歼灭的敌人。

“做白日梦！敲掉他!”

——上级当即作出决定。

接到命令,我军部队在大胜岭到黑汉岭一线,迅速摆好阵势,给敌人准备了一个口袋。六连的阵地就设在大胜岭南的青云顶,任务是等敌人钻进口袋里,就扎紧这个口袋嘴,切断敌人的逃路。

一大早,董存瑞和战友们迎着强劲的北风,冒着刺骨的严寒,一动不动地隐蔽在山头工事里。

时间在一分一秒地过去……忽然,就见一队队敌兵钻进了我军伏击圈。一颗红色信号弹的腾空而起。

六连的战士们,立刻来了精神,抄起了家伙。刹那间,轻重武器同时开火,子弹像雨点一般,扔下的手榴弹像下雹子一样,猛烈的爆炸声,一阵连着一阵。

溃败的敌兵势如洪水。

敌人“哗”地涌流到这边,碰到迎头爆发的火力,只好涌流向那边,又是劈头盖脑浇下来的手榴弹,便又“哗”地涌流向另一边。敌人在山沟里涌来涌去,敌人知道中了埋伏,鬼哭狼嚎,跌跌撞撞向山口逃窜去。

六连连长声令："不能让敌人跑掉，要咬住他们屁股，给我狠狠揍！"

眼见得山下硝烟蔽日，弹雨纷飞，一道严密的火网，立时封锁住了山口。

青云顶，成了敌我双方争夺的焦点。敌人要从这里逃生，集中兵力，拼命进攻。我们要全歼敌人，就要把口袋嘴儿扎得紧紧的，寸步不让。

一个敌人吓得成了疯子，举起枪来狂喊着胡乱扫射，已经分不清了打谁，打了一梭子又一梭子……

机枪掩护着蜂拥而上的敌兵，与我军展开激战。一个上午，敌人用一个团的兵力，发起五次冲锋，前沿上到处是敌人晃动的脑壳、闪着寒光的刺刀、横飞的弹片，敌团长把两只眼睛瞪得比鸡蛋还大，一个劲呵斥敌兵，但是，都被六连战士打下去了。

不甘灭亡的敌人，用高价组成"敢死队"，有个副官模样的家伙喊："想发财的给大洋，要当官的保准连升两级，愿意玩女人的一块儿去县城……"嘴巴还没闭上，脑袋给子弹打开了花。

敌人的第六次冲锋开始了，先是来了一顿狂轰乱射，接着"敢死队"像一群疯狗，又像吸足了大烟的烟鬼，强打精神，"哇啦哇啦"地怪叫着向六连阵地冲过来。滚滚的硝烟，笼罩在整个阵地上，呛得人喘不过气来。连长咬紧牙，一直等到敌人离阵地四五十米远时，才下了"打"的命令。

在强大火力下，"敢死队"调转屁股往回跑，可刚退到半山腰，又被指挥官用手枪逼着返回头来。

这时，董存瑞发现子弹只剩下一夹，他往左右看看，战士们也都在焦急地摸着子弹带，看样子子弹都不多了。原来，由于敌人炮火猛烈，一上午支前人员几次冒着生命危险，往前沿送饭、送水、运弹药，都没有成功。饭送不上来不要紧，只是弹药得不到补充可是大问题。看到眼下情况，董存瑞对大家说：

"同志们，大家要节省子弹，瞄好了再打，一发子弹打死一个敌人！"说完，只见他"叭"地一枪，应声倒下了两个敌人。

"真棒,一枪撂倒俩,串糖葫芦啦!"卧在他身边的刘祥兴奋地说。

"叭!"

"叭!叭!"

大家也跟着沉着射击,弹无虚发,一个又一个敌人被打倒。

狡猾的敌人发现山上的枪声稀疏下来,一个敌军官大声喊道:"共军没有子弹啦,弟兄们往上冲啊!"

董存瑞把最后一颗手榴弹投向了敌群,炸死了三四个敌人,他往左右看了看,见身边净是些石头,灵机一动,就伸手摸起一块砸了下去,不偏不歪,把前头一个敌人砸得头破血流,滚下山去。

董存瑞高兴地喊道:"同志们,放石炮呀!"

"放呀!"

"砸呀!"

战士们学着董存瑞的样子,把身边的石头像雨点似的砸了下去。小石头打没了,就俩人一伙儿,三人一组,掀起磨盘大的石头,冲着敌人滚下去。山坡陡,石头是越滚越快,大石头带着半山坡的小石头一起滚,一时间,就像山崩一样,"轰轰隆隆"的石头声夹着风声,一股脑儿朝敌人盖过去。冲在前头的敌人掉头往回跑,跑在后面的敌人被踩在脚底下,就听敌群里哭爹的喊娘的,死伤一片。

突然,战场宁静下来,缩在障碍物后面的敌人像野犬一样,探出头来张望着,依然没有发现任何动静。他们估计山上的石头也滚完了,就又组织"敢死队"向阵地攻来。

"送死的上来吧,这正等着你呢!"董存瑞"咔嚓"一声上了刺刀。

"咔嚓——"、"咔嚓——"全连战士都上了刺刀。

一股敌人爬上了山顶,我们的勇士们大吼一声,跳出战壕,冲入敌群。

一个长得又粗又胖的敌兵,躬着腰冲上来了。董存瑞没等他站稳,高喊一声"杀",一个突刺结果了他的狗命。

说时迟,那时快,又一个敌兵端着刺刀猛地向董存瑞的肋下刺过来。他向旁边一闪,躲过了这一刺,趁敌人还没来得及撤步,从侧后一个猛扑,就把敌人抱住,摔倒在山坡上。敌兵也顺势死死抱住董存瑞不放,两人滚打成一团。眼看就要滚落山崖下,敌兵转头一看,吓得魂不附体，慌乱中松了手，董存瑞趁机抱住崖边一棵小树，朝敌兵腰部狠踹一脚，把这个家伙蹬落山崖下，摔成了肉饼。

面对六连战士们的勇猛拼杀，敌人的第六次进攻又被打退了。

天黑了，敌人被压缩在山沟里的南湾子村。上级决定，连夜攻击南湾子，彻底解决这股敌人。六连受命抢占南湾子西北制高点。

六连下山后，迅速补充了弹药，马不停蹄，来到了南湾子村西山下。

“任务很艰巨，大家想想办法出出主意。”连里召集骨干，共同研究如何打法。

董存瑞发言说：“现在时间就是胜利，要拿下这个山头，我看不能硬攻。”

“那就把你的想法给大家说说。”指导员见董存瑞一副胸有成竹的样子，鼓励他说下去。

董存瑞说：“敌人阵地正面的地形是易守难攻，打起来费时费力，不如把全连的大部分机枪集中放到敌人的正面佯攻，吸引敌人的注意力，咱们悄悄地从侧面绕着摸上山头，出其不意地来个袭击……”

大家听了，都说这办法好，又你一句我一句地补充了几条意见，最后连长拍板说：

“好，就这么打！”

战斗打响后，只用了八分钟就歼灭了山上的守敌，占领了制高点。

这场闪电战打得干净、漂亮，是又抓俘虏又缴枪。小战士刘祥高兴地对董存瑞说：

“班长，你肚子里的锦囊妙计还真不少哩，我看你就当咱连的参谋长吧！”

董存瑞笑着说：

“别闲磨嘴皮子了，抓紧时间吃饭，吃饱喝足了，收拾村里的敌人！”

敌人如一头被困在笼子里的野兽，拼命地想逃出。战斗又从黑夜打到天亮，最后敌人大部被歼，只有一小部分，仓皇向西边逃去。

六连奉命追击。

董存瑞提着步枪，撒开双腿，朝着溃退的敌人紧追不舍。

这伙溃逃的敌人如丧家之犬，抱着脑袋乱窜，只恨爹娘少生了两条腿，有的怕跑得慢，连手里的枪都扔了。

董存瑞心说：想跑？没门！他把枪往怀里一抱，借着陡峭山坡，就地“哧溜”一滑，一下子就闯到敌人面前。

“缴枪不杀！”董存瑞端起枪来，大吼一声。

十几个敌兵还没醒过神来，就当了俘虏。

董存瑞把这十几个俘虏交给赶上来的战士，又一路追了下去。

追着追着，他突然发现，有几个敌人龟缩在一旁路沟里。他刚想上去，见一个家伙身边还架着一挺机枪。显然这伙敌人有准备，硬往上冲可能吃亏。董存瑞左右看了一下，见路上到处是敌人丢弃的衣物，便急中生智，随手拣起一件敌军官大衣披在身上，又捡了一顶军官的帽子戴在头上。他跳下路沟，朝敌人走去。这伙敌人一见董存瑞走过来，还以为是自己人，刚要搭话，董存瑞一脚把靠着机枪的那个家伙踢翻在地，夺过机枪，大声喝道：

“举起手来！”

这伙敌兵，你看看我，我看看你，都乖乖地举起了双手。

战斗结束后，由于董存瑞杀敌勇敢，上级又给他记了一次大功，授予他第三枚奖章。

巧设疑兵

除夕,董存瑞奉命带领全班战士,到八里岗一带收拾残敌。

据悉,这一股敌人企图逃往县城,与敌军的某个团会合到一起,然后西窜。他们尚不知道这时我军已经在城外悄悄潜伏,准备于夜间向城内守敌发动猛攻,彻底收拾他们。战斗打响前,如果我们的具体布置被逃兵发现了,把情报带进城内,势必会带来不利。因此部队要求,务必在半路上截击敌人,不许放跑一个敌人。

临出发前,全部战士集合起来,董存瑞兴奋地说:“排里把这个重要的任务交给咱们,是咱们的光荣,要与敌人斗智斗勇,坚决打出咱们的威风来。”

……全班战士经过二十公里的急行军后,闪电一般迅速进入了预定的埋伏地点,隐蔽起来。

这里的地形比较特殊,周围是密集的灌木丛,往南不远就是一片风化的山岗和土丘,往北是一道低矮的山脉。战士们从灌木丛内伸出一只只乌黑的枪口,拉开了一张捕敌的大网。

侦察兵经过地形侦察:从东山口到县城,共有两条道路,它们中间相距三公里。

关键是由于只知道敌人准备抢在黄昏前进城,而不知道敌人究竟从那条路上逃窜,给布置战斗带来困难。

大家顿时紧张起来。

董存瑞抬起头来，瞅一眼天上的日头，半晌没有说话。他更加感觉到了时间的紧迫和情况的严重性：

不管埋伏在那条路上，我们都没有把握。这种情况下，如果误判了敌人通过的路线，就会给敌人造成逃跑的机会，不行！

分兵埋伏，也不行！因为这样要分散火力。

派战士侦察，等探明敌人的行走路线，再布置战斗，同样不行。自山口到埋伏地点的行程短，没有重新布兵的时间！

“咱们到山口外去打吧！”有个战士挥挥手里的枪说。

董存瑞摇了摇头：

“同样不行，他们是由路过的敌坦克部队，顺便护送到山口的。首长要求我们暂时不捅纸老虎的屁股！”

刘祥着急地问：

“班长，这也不行，那也不行，让我去把敌人引诱过来行吗？”

“引诱？”董存瑞一拍后脑勺问，似有所悟。

“就是你常说的，‘诱敌深入’的那个引诱。”刘祥怕班长没有听明白，接着解释道。

董存瑞高兴地说：“这个引诱的办法很好，准行！”

刘祥见班长赞同这个意见，提起枪来就要走。

董存瑞摆摆手，制止了他。

刘祥撅起嘴巴：“是不是我年纪小，就小看我？”

董存瑞很严肃地说：“我们现在需要做的是把敌人诱过来，不错！可是你这样去一个人的后果想过没有？”

嘿，自己真还没有往下想过。刘祥脸上一红，没吱声。

董存瑞对大家说：“每个人都脱下一件外衣来。”

战士们围拢到一起，边往下脱衣服边望着班长，不知道到底是啥意思。

刘祥有些半知半明地问：

“班长的意思是不是——因为敌人根本不想打仗，目的是逃跑，我们引诱不动他。咱们既然不能把他引来，就干脆在另一条路上吓唬他，就是用跟引诱相反的办法？”

“就是这个办法！”董存瑞用肯定的语气回答，“大家现在明白了吗?”

大家顿时恍然大悟起来,为班长的计策竖起大拇指。

刘祥高兴得差点儿跳起来,请求道:“班长,就派我去完成这个任务吧!”

董存瑞指了指前方的山口说:“你到靠近山口处选择一条道路,用伪装的伏兵来吓跑敌人,我们班就可以守株待兔了!”

等班长吩咐完毕,刘祥迅速抱起大家脱下的衣服,一溜烟地朝山口方向跑去,设疑兵阵去了……

太阳即将落山的时候,果然发现有一股敌人,正从远处靠近伏击圈。

这股敌人很是好笑:有的头上缠着绷带;有的歪戴着帽子;有的把胳膊吊在胸前;有的拄着一根棍子。他们一边骂街,一边摇摇晃晃往前走来。

战士们紧紧趴在灌木底下,屏住呼吸,枪口瞄准了敌人的脑袋。

只听得一个敌人喊:“咱们国军当官的,真他妈不是东西,他们坐着坦克跑了,倒叫咱们挂了花的用脚板撵!”

“没听说过,打仗有功的不如没功的,没功的不如抢功的!”另一个接茬儿说。

“啥功不功的,快他妈走吧,走慢了当心碰上共军!”一个头目模样的敌人恶声恶气地训斥道。

“哪……哪有共军?”

残兵们本来都是惊弓之鸟,经头目这么一提醒,又发现前面全是地势复杂、环境险恶地带,不由个个毛发倒竖,惊慌万状起来。

接着,从敌兵队伍中一阵拉枪栓的声音。

“没有共军,就乱发牢骚呀?”头目大大咧咧地说,“都给我少发牢骚!”

董存瑞朝身边的战士们递了个眼神,示意:“瞧,这些敌人,一个个松松垮垮,一惊一乍,根本就没有战斗力。”

“嘿,这些残兵败将,只要听到枪一响,不投降才怪!”战士们小声地说。

董存瑞用手势比画了一下,让一部分战士每个人一只手里握着两颗手榴弹,另一只手扣着拉环;另一部分战士则举起刺刀。然后一声号令,一起向敌人包围过去。

“缴枪不杀!”

“放下武器!”

“敢动就吃手榴弹!”

敌人望着黑乎乎的手榴弹,连拉环都抠出来了,顿时个个吓得双腿打战,瘫软在地上。

“共军饶命!共军兄弟饶命!”

“我们再不当倒霉的国军啦!”

只有敌兵头目气哼哼地,瞪着一对牛蛋似的眼珠子,举枪对抗。董存瑞手疾眼快,将一颗手榴弹砸了过去,正中那家伙的脑袋。只听“扑通”一声,一具死尸栽倒在地!

黄昏时分,董存瑞带领全班战士,押送着三十多名俘虏,圆满地完成了截击残敌的任务。

首长在攻城庆功大会上,对董存瑞及全班战士给予了表扬。

不能给连队抹黑

三月中旬，部队经过长途跋涉，开进新地区以后，利用作战间隙开展紧张的练兵活动。

白天，董存瑞带着全班战士摸爬滚打。晚上，别人都睡了，他还点着小油灯学习，琢磨训练方案。

有天晚上，熄灯号早已吹过了，战士们都进入了梦乡，董存瑞点起小油灯，用衣服遮住光线后，在一张纸上画来画去。

正当他聚精会神地琢磨着时，觉得有人轻轻拍他的肩膀。他抬头一看，原来是副连长查铺来了。

董存瑞知道副连长一向对作息时间抓得很认真，便不好意思地笑了笑。

副连长摆摆手，董存瑞跟着走出了屋子。

"这顿批是逃不过去了。"董存瑞心想。

"存瑞同志，"副连长严肃地说，"你是一班之长，担子很重。我们现在又要作战，又要训练，你想到过没有，假如你一旦累垮了，这一班人怎么带？"

"副连长——"

"别说了。勤于学习是对的，但不能靠硬熬的办法，要在作战和训练中，开动脑筋，多想办法才行。今晚你没按时休息，犯了纪律，原谅你一次，下次再让我抓住，非在全连点你的名不可。现在马上回去，熄灯、睡觉！”

“是！”董存瑞敬了个礼，悄悄地伸了一下舌头，一转身回到屋里去了。

别看董存瑞平时好说好笑，有时还和大家打打闹闹的，可是一进训练场，就像换了一个人似的。

有一次，六班在野外训练爆破。天已黑了，有个战士的动作稍慢了一点儿，郅顺义匍匐前进的姿势高了些，董存瑞就严肃地命令道：

“你们俩重做一遍！”

那个战士眨巴眨巴眼说：“班长，肚子都叫唤了，好赖将就点算啦，这也不是动真格的嘛。”

“训练场就是战场，你马虎，敌人对你可不马虎，重做一遍！”

董存瑞板着脸没有一点儿可商量的余地。

那个战士见班长这么严格，赶紧收起笑容，按要求又重新做了一遍。郅顺义呢，二话没说趴在地上，压低姿势，又做了一遍匍匐动作，直到得到董存瑞的点头认可为止。

收操时，董存瑞又让大家互相讲评训练中的优缺点。最后，他说：

“我们要彻底打垮蒋匪军，解放全中国，就要练就一身过硬本领。连首长不是常对我们说吗，平时多流一滴汗，战时就会少流一滴血，同志们，对吗？”

“对！”全班战士响亮地回答道。

由于董存瑞抓得紧，练兵有方，六班的训练成绩，很快赶上了全连最好的班。

但是，董存瑞并不满足，为了使攻坚训练更接近实战，他动了很多脑筋。

班里有个去年打隆化时解放过来的战士，董存瑞找他谈心，两人谈得很热乎。董存瑞说：

“你在隆化城待过，能不能把那里的设防情况说说，对咱练兵、打仗，兴许有用哩！”

这个战士见班长对他这么信任，就一边比画，一边把在隆化城里有多少敌人，装备什么武器，还有碉堡、障碍物的设置以及火力配备等情况，全讲了出来。

董存瑞听了兴奋地说："你提供的情况太好了，明天早晨，咱俩儿就按你说的样儿，在院子里摆出来看看。"

第二天一早，董存瑞领着全班战士忙活起来，有的抬沙子，有的拣砖头、拾树枝。一会儿就把院子里给摆满了。

起初，刘祥还弄不清班长葫芦里装的什么药，一边干一边皱着眉头问：

"班长，这一大早儿忙活啥呀？"

董存瑞见刘祥那副样子，故意逗他说："干啥？有用呗。"说完，还哼起歌来。

刘祥气呼呼地把一担沙子倒在董存瑞跟前说：

"看你想鼓捣啥？等明天打扫院子，非让你一个人弄出去不可！"

董存瑞看着他，只笑不说话。

不一会儿，院子里出现了大大小小的沙堆。

董存瑞和那个战士围着沙堆，指指点点，在这儿插个树枝，在那儿放上块砖头……

忙活完了，董存瑞把全班战士召集起来，手里拿着一根树枝，对大家说：

"上级指示我们，今后的任务就是打攻坚战，从敌人手中把城市夺回来。可敌人的城防工事到底是啥样？咱谁也不清楚，现在摆出个样子，大家看看。"

他用树枝在沙堆上指点着说：

"这就是敌人在隆化城里的军事部署。这儿就是苔山，有敌人的一个机枪连；这个大砖头就是隆化中学，小砖头就是母堡，周围的小石头是子堡；而这些树枝、沟沟，就是敌人设置的铁丝网、交通壕……"

刘祥听了班长的一番话，心里顿时豁亮了，他笑着说：

"班长的点子就是多，刚才我说的话收回，明天扫院子的活儿，我一个人包了！"

董存瑞摆摆手说："就你话多，先蹲下听我继续说。"

接着，他把手里的树枝指向另一个沙堆说：

"假设我们的主力从这个方向突破，向隆化中学据点进攻，咱们班担任爆破任务，要扫除外围的这片大小子母堡，得连续爆破才行。大家想想，我们怎么个打法，才能取得胜利呢？”

嗬，这下可热闹了，大家七嘴八舌，各说各的办法，各摆各的理由，有的还争得脸红脖子粗……

最后，汇集了大家的智慧，一个完整的方案出来了。同志们高兴地拍手称好。

小刘祥嗓门高，他说：

“这玩艺真不错，咱给它起个名叫‘院中堡垒’吧！”

大伙儿只顾吵吵了，郅顺义一抬头见指导员就在身边，他笑着招呼道：“指导员，你来了。”

“我早就来了，你们光顾看着‘院中堡垒’了，谁也没看见我。”

指导员见大家都看着他，微笑着说道：

“你们这种训练办法很好，集中了群众的智慧，对实战很有利，我要把你们这个办法，向上级领导汇报，推广出去。”

刘祥歪着脑袋得意地说：“这都是我们班长的好主意！”

“嘴快！”董存瑞说，“不是大伙儿齐动手，哪有这个‘院中堡垒’！”

六班的训练办法在全连受到了表扬，团里也给予通报表扬，师里还组织连以上干部，参观学习“院中堡垒”。六班的做法，有力地推动了部队训练。

战前练兵结束了，六班被誉为“练兵模范班”。

为了检验练兵成果，师里组织一次攻坚实弹演习。六连党支部决定把艰巨的爆破任务交给董存瑞班。

演习的头天晚上，董存瑞把全班战士集合起来，他严肃地说：

“这次实弹演习，首长把最艰巨的爆破任务交给六班，这是对我们的信任和考验。我们要把这次演习当作实战来打，要准、要狠，只能圆满完成任务，不能给连队抹黑！”

第二天早晨，全副武装的六班战士进入指定地点。战前，董存瑞又一遍仔细检查了爆破组的炸药包，向火力组交代了射击方位和应注意的事项。然后紧紧盯住攻击目标。前方有一个报废了的小火车站，外边有三个日伪军留下的破碉堡。六班的任务，就是要连续炸掉那三个碉堡,为攻击部队打开冲锋道路。

四周静悄悄的,只等着攻击信号了。

“叭!”一发红色的信号弹凌空升起。

机枪、迫击炮,还有各种轻重武器,一起吼叫起来。连长一声令下,董存瑞挟起炸药包,向后边一挥手:“上!”爆破组的战士像离弦之箭,紧跟在班长的身后,跳出掩体。

他们时而低身跃进,时而快速匍匐,眨眼工夫就靠近了第一个碉堡。只见董存瑞将拉燃导火索的炸药包猛地塞进了碉堡后,就地一个十八滚,隐蔽在土坎后边。“轰”的一声,碉堡来了个底朝天。借着弥漫硝烟,董存瑞闪电般地又将第二个碉堡炸翻。紧接着,又向第三个碉堡逼近。这个碉堡的地势较高,坡度也陡,火力十分猛烈。董存瑞对紧跟在后面的战士说:“快,投弹掩护!”说完,他挟起炸药包冲了上去。负责掩护的战士立时将手榴弹扔上了碉堡。

就在这个时刻,只见一颗冒着白烟的手榴弹从碉堡上掉下来后,顺着斜坡滚到了董存瑞前面不远的地方。参观演习的首长和同志们不由得心里一惊:糟糕,一场意外的伤亡事故眼看就要发生了!

正在大家担心之际,只见董存瑞箭步冲过去,拾起手榴弹,投向了“敌”碉堡。手榴弹爆炸过后,他一个跃进,贴近碉堡,支好了炸药包,“轰隆”一声巨响,碉堡炸翻了。

演习结束后,师首长握住董存瑞的手,表扬他:临危不惧,机智勇敢,技术过硬。并当场授予他“模范爆破手”光荣称号。

董存瑞不失时机地说:

“首长,今天是演习,到打攻坚战的时候,我们六班还要打头阵啊!”

首长笑着说:

“嗬,今天就挂上号了,到时候有你们六班显身手的机会!”

大嫂的泪

六连按照命令来到了刚解放的上山屯进行短暂修整。

这一带的老百姓苦大仇深。盼来了人民解放军，人人高兴得奔走相告。他们主动腾出家里的房子，烧热了炕头，一定要拉着子弟兵居住。当地政府及时送来了“支前”粮、“支前”鞋……

多好的人民，多好的地方政府工作人员啊，战士们吃着后方母亲们一口一口省出来的小米的同时，心里清楚他们作出了怎样的牺牲。

房东大嫂就是千万个母亲中的一个……

那天，董存瑞和战士们吃饭回来，却见房东的锅灶总是冷冷清清的。既不见大嫂刷锅，也不见她生火。

觉得肯定有原因，董存瑞就借了个找扁担打水的机会问：

“大嫂，吃饭了吗？”

屋里传出含混的回答：

“是啊，啊。”

董存瑞边说家常话边走进房东的屋门，只见黑乎乎的铁锅里泡着半锅黑乎乎的干树叶子，分不清锅和菜的颜色，里边一颗粮食都没有。

看那样子，就是这东西大嫂也舍不得多吃，或许每顿只敢捞上一点儿来充饥。

房东大嫂见董存瑞进来，连忙把锅盖扣上，以遮挡住他的视线。

“大嫂,咋就吃这个呀?”

董存瑞觉得心沉沉的,上前揭开锅盖,用勺子扒拉着苦馊馊的树叶问。

“能吃,能吃……”

大嫂说话的时候,身体虚弱得晃了晃,她竭力稳了稳自己,朝里扒拉了一下土炕上的破被子,示意董存瑞坐下。

董存瑞摸了摸,里边躺着个男孩。那男孩似乎只有五六岁的样子,闭着眼睛,一脸黯淡的菜色。

“孩子怎么啦?”董存瑞关切地问。

“病了,起初发烧,从郎中那里抓药吃了就退了,一晃过去半月了还起不来炕。”大嫂用爱怜的目光瞅了一眼孩子,叹了口气。

接下来从大嫂的谈话中得知,原来从去年春天刮过一场风沙后,老天爷发威,一滴雨水也没有下。山下的土地干得冒了烟;河道里断了流,露出硬邦邦的泥底;树打蔫,鸟渴死;老百姓的田里颗粒无收。再加上国民党不断来抓壮丁、抢粮食;土匪趁机打家劫舍,祸害生灵,这一带的乡亲们真是苦透了!

大嫂的丈夫就在解放军到来之前,硬是被“国民党”抓走了,到如今一直没有音信,家里抛下了她和孩子,在煎熬中度日。

“大嫂,娃娃还没吃东西吧?”董存瑞一看,就知道这孩子的病是饿的,便再也听不下去了。他打断大嫂的叙谈,箭步朝门外走去。

刘祥正在擦枪,差点儿被董存瑞撞个满怀。问:“班长,是不是有任务?”

“有。”董存瑞回答。

刘祥一听有战斗任务,高兴地蹦起来,接着“喀嚓”一个立正站好。其他战士也跟着并排站立成一行。

董存瑞表情严肃地说:

“由于国民党打内战,目前部队的粮食很紧张,我们大家都知道的。”

刘祥插话:

“班长,你早就说过,随时勒紧裤腰带,有粮吃粮,没粮吃菜,啥没有,饿着肚子也照样能打它三天三宿攻坚战。我们记着哪!”

董存瑞没有接着他的话茬儿往下说：

“战争年代，我们虽然艰苦一些，可是，乡亲们也不容易啊！”

听班长这样一说，大家便你一句我一句地议论开了：

“我看房东大嫂就够苦的！”

“乡亲们虽然很苦，可是他们还总担心前线吃不饱！”

“老乡们关心子弟兵，宁可自己饿肚子，也不少送一颗志愿粮！”

这时，刘祥听不下去了，直截了当地说：“班长，我知道你了解房东大嫂的情况了，大嫂可能早就揭不开锅了，我们心里也不好受，你说咋办，我们坚决服从！”

“是班长，你说咋办吧！”大家立刻附和道。

董存瑞笑了，使劲儿给每个人的胸脯上擂了一拳，说：“同志们很简单，我们每个人吃饭时，都要少吃一口……”

“行，少吃一口！”全班战士汇集成一个声音。

从此，董存瑞和班里的战士们把每天省出的几个窝头带给房东。尽管大嫂一再谢绝，但是战士们诚心诚意，执意要给。

几天后房东大嫂和孩子的体质有了好转。

部队休整结束了，董存瑞带领全班战士告别上山屯，要去迎接新的战斗。一大早，他们又把肩上的干粮袋匀出一个，悄悄放在了大嫂的窗前，然后列队出发，朝村外走去。

天空渐渐泛升起一轮火红的太阳，身后的村庄和远处的山峰，在战士们的视野里一下子明亮起来。

为了即将到来的战斗，有的战士高兴地哼起了那支已经不知唱了多少遍的歌：

……

我们都是神枪手，
每一颗子弹消灭一个敌人，
我们都是飞行军
哪怕山高又水险
……

忽然,刘祥喊道:

“班长你看!”

战士们问:

“那是谁?”

董存瑞回头看去。

只见即将消失在地平线上的上山屯里有个人影,尾随着队伍跑来。那人越来越近了,越来越近了。

战士们终于看清楚了。

“大嫂!”

“是房东大嫂!”

战士们停下了脚步。

大嫂气喘吁吁地站在队伍面前,使劲拉着战士们的手,说了句:“好人,兄弟们……”就哽咽地再也说不下去了,滚下大滴大滴的泪水。

董存瑞安慰大嫂说:“等我们打完了敌人,我们的国家就会好起来的,我的日子就会好起来的!”

“我们的一切都会慢慢好起来的!”战士们一齐说。

大嫂望着她的这些亲人们,使劲儿点了点头。

队伍走远了,渐渐看不见了,大嫂依然依依不舍地望着战士们远去的方向……

血债

部队又一次长途行军。

六班担任尖兵班，董存瑞带领着全班战士，在大部队的前头搜索前进。

在我军的强大攻势下，驻扎在热河西部的敌人，死的死，伤的伤，剩下的残余部队纷纷向承德、隆化城逃窜。这伙穷凶极恶的敌人在逃跑时，把沿途村庄洗劫一空，糟蹋得不像样子。

他们害怕我军的追击，把沿途的桥梁都拆毁了，铺设的木板和栏杆一把火烧掉，石墩炸掉。用他们的话说："这样让共军十天也修不好一座桥！"

他们抢走乡亲们的粮食，颗粒不留。老奶奶老爷爷们为了支援人民解放军，就气愤地跟他们抢，跟他们夺。

残忍的敌人野兽不如，人性丧尽，把老人捆绑起来塞进枯井里，大骂：

"老东西，凭什么跟共产党这么亲？今天叫你上西天！"

他们的罪恶目的，是要让解放军吃不到一颗粮食。

这时，沿途所有的村寨里的人都走光了，大街上空荡荡的不见人影儿。因为在家的年轻男子，他们见一个就抓一个，有不顺从的就杀掉。他们还在村口贴上布告：支援共军者，全家杀绝，株连九族。

隆化城越来越近了，这一带的景象更是凄惨，满目是烧毁的村庄倒塌的房屋和一座座新坟。衣衫褴褛的乡亲们,拉着董存瑞和战士们的手,控诉着蒋匪军的兽行。

董存瑞搀着一位老大爷说:

"乡亲们,血债要用血偿还,蒋匪帮是兔子的尾巴——长不了啦。你们等着胜利的好消息吧!"

他们告别乡亲,顺着蜿蜒的山道,向前开去。

当走过一片红松林的时候,突然发现前面不远的村寨人喊马叫,时而有枪声传来。

"前方有情况!"

——董存瑞分析说。他立刻带领战士们加快行军速度,向村寨靠近。

绕过村口,他们利用猪圈、草垛、篱笆做掩护,很快摸清了敌人的情况:有三十多个敌人,一挺机枪,两个军官模样的家伙。

有位老乡告诉,他们中午包围了村寨后,一直折腾到了现在。

敌人在紧挨着十字路口的大槐树下,绑着一个白发的老汉,旁边支着一口铁锅,里边的开水翻滚着。

"老家伙,你的儿子是共军营长,本来就该剥你的皮。你竟然还敢到国军经过的地方埋地雷,跟国军作对。到底是谁指示你干的? 说!"

"村里有没有共产党?"

一个敌军官歇斯底里地吼叫着。那家伙周围的敌兵,也是一个个凶神恶煞。有的矮,有的高,有的精瘦,有的黑粗,个个都满脸灰土,穿着挺新的黄布军衣。有的端着美式冲锋枪,有的端着"中正式"步枪。

"说! 再执迷不悟,老子要开枪了!"敌人臭骂,恐吓,刺刀和枪口在老汉面前晃来晃去。

老汉用蔑视的目光看了一眼敌人,说:"要开枪就开枪吧,反正你们已经杀害了那么多的老百姓。就是再多杀上我一个,也不会眨眼睛!"

另一个敌军官气哼哼地照准老汉,猛抽了几鞭子。接着有一个敌兵上来,狠狠地给了老汉一拳。

老汉觉得眼前一黑，天黑地转。他费力地直了直腰杆，站好。看到有一个敌人拿起一个木盆，挖一盆滚水放到他的脚下。

“老东西，想找不自在，就先给你洗泡泡脚！”敌兵说。

“共军家属都他妈茅坑里的骨头，又臭又硬！”敌军官黑着脸说：“先把脚掌泡软了再说！”

这时敌兵已经扒下了老汉的一只袜子，又扒下了另一只袜子。

董存瑞透过篱笆看着这一幕，狠狠地哼了一声：

“畜生！”

这时，又上来一个敌兵，阴险地嘿嘿笑着：“老不死的，让你享受享受！”

老汉咬紧牙关，用那昏花冰冷的眼，瞅着周围的强盗。他明白，这帮恶煞，今天是不会饶过自己的。

敌兵拽起老汉的光脚来就往盆里摁，老汉说了声“慢点，畜生！”随后飞起一脚，一盆沸水，当当正正地扣向那个敌兵的头上。

敌兵“哇”一声惨叫起来。气得敌军官号叫：“架起来，煮了这个老共党！”

此刻，董存瑞明白，必须抓紧时机救出老汉，不然，这位乡亲就得死在这帮敌人的手里。

副班长也过来请求：“打吧！”

董存瑞吩咐：“擒贼先擒王，副班长和我，一起开枪先打掉那两个敌人军官，然后大家往上冲。”

战士们很快分散开去，等待行动。

“一排机枪掩护，二排左翼进攻，三排右翼进攻，冲啊！”董存瑞故意虚张声势地喊。话音刚落，和副班长各自抬手一枪，顿时那两个敌军官栽倒进水锅里，压翻了一锅水，浇得火堆冒起滚滚浓烟。

战士们从几个方向边射击边猛冲过来。把这群敌人都打蒙了，他们胡乱开枪还击起来。

经过一场激战，就像割韭菜似的，很快倒下了一片敌人。他们以为共军主力已经压过来，胆子大的抱头鼠窜，胆子小的哆嗦着缴械投降。

被营救下来的白发老汉来到董存瑞面前，要求董存瑞和战士们一定要到他家去，他家的地窖里还藏着一点儿粮食，给大家做顿饭吃。

乡亲们都一齐过来，拉着战士们到自己家去，要对子弟兵表表心意。

战士们虽然早就饿了，但是，想到老乡们生活的艰苦，都摇了摇头。

董存瑞说："老大爷，我们还有重要任务，一定要及时把逃跑的那些敌人消灭掉。不然，我们前脚走，他们后脚就会来报复乡亲们。"

见实在无法挽留，白发老汉就说："敌人一定是逃回石屏寨去了，那里住着一伙遭殃军，都是蒋介石的嫡系部队。"

董存瑞问："到石屏寨还有多远的路程，能不能追上敌人？"

白发老汉想了想，眼睛突然一亮，回答："有办法了，为了配合咱们部队的解放战争，昨天区委刚在土家湾方向的那条河上，组织大家搭了一座浮桥。你们从那里插过去，就能截击到敌人。"

"好，谢谢老人家给我们提供的情况。"董存瑞激动地对全班战士说，"现在我们要立刻出发，发扬连续作战的精神，绝对不能放跑一个敌人。"

他们从浮桥上过去，及时出现在逃敌的前面，再一次给了他们致命的打击。

迎着火光

这天，董存瑞带领全班战士行进到一个山垭，突然发现前面不远的村子里浓烟滚滚，火光冲天。

“看来敌人又出来祸害乡亲们了，准备战斗！”

董存瑞说完，立刻把全班分成两个组，让副班长带一个组继续搜索前进，自己带一个组，直向着火的村庄飞奔。

“快速前进，别让放火的敌人跑掉！”

董存瑞带领战士们冲进了村庄，可是，敌人已经逃走了。

这时，熊熊烈火已笼罩着整个村庄，一座座房屋在烈火中倒塌，不时听到妇女和孩子的哭叫声。

乡亲们正手忙脚乱地扑打着房上的火苗。

“快抄家伙，帮乡亲们救火！”

董存瑞一声令下，战士们立刻七手八脚拿起水桶、脸盆和乡亲们一起端水往火上浇。

忽然，传来一个妇女急促的呼喊声：“救人哪，救人哪！”

董存瑞听了心里一紧，转身朝着喊声跑了过去。只见一位大娘，连哭带喊，正拼命地往一所燃着大火的茅屋里闯。

董存瑞抢前一步拉住大娘：“不能进，危险！”

大娘用力挣脱着，不住哭喊：“我的孩子，我的孩子……”

董存瑞立刻明白了，大娘的孩子还在屋里。他抬头看着面前的草房，屋顶已被烈火烧了一多半，黑烟裹着火苗蹿得老高。

他忙解下子弹带和手榴弹，递给旁边一个战士。

"班长——"那个战士见班长要冲进去，欲言又止。

董存瑞一摆手，转身就冲进了大火里。

屋子里，浓烟翻滚，火苗乱蹿，呛得董存瑞直流眼泪，连气都透不过来。他一边呼喊，一边在外屋摸索寻找。结果，不见人影。他想到里屋去找，可是，里屋的门不知被什么堵上了，推不动踹不开。此刻，董存瑞的衣服有几处也被火烧着了，他感到头晕喘不上气来，就急忙从火中退了出来。

董存瑞刚退到门口，恰巧见有个人拎着一桶水过来，他接过水桶，"哗"地一声从头顶浇下，身上的火灭了。他摇了摇脑袋，摸了一把脸，回头又要往屋里冲。

这时，大娘跑过来，一把抓住他的衣角说："同志，你不能再进去了！"

"大娘，里屋有窗户吗？"董存瑞问。

"有，"大娘指指后边说，"有也不能让你再进去了！"

董存瑞什么话也没顾上说，猛的一转身，迎着浓烟烈火，毫不犹豫地从窗口跳进了里屋。

里屋黑烟弥漫，窗户猛的一开，"腾"的一声，火苗蹿了起来。董存瑞猛地朝前面踹了一脚，蹬飞了一团燃烧的被褥，然后趁机往前一跃，落到屋子中央。顿时四周的火焰变成无数条金蛇，拧着滚儿狂飞乱舞，纠缠着噬咬舔他的全身。他使劲儿扑打了几下，只觉得肺里像吸进一团火，胸口灼热，要立刻炸开似的。他眼睛睁不开，就四处摸索，从墙角到桌子底下，又从土炕上摸到门口。一阵强烈的眩晕，咳嗽……又一阵难以支持的眩晕和咳嗽……他咬紧牙关，屏住呼吸，拼命地摸索着，摸索着……烈火又一次把他的衣服烧着了，他用胳膊遮挡着袭来的火舌，命令自己：赶快找到孩子，赶快找到孩子，早一分钟，就可能救活一条生命。

忽然，在"噼噼啪啪"的爆裂声中，他似乎听到有微弱的哭声，他心中一喜，寻着声音摸去，终于在门口的一口水缸下摸到了孩子。他一把将孩子抱在怀里，冲向窗口。刚要起身钻出去时，只听"咔嚓"一声，上面的窗框掉了下来，横在窗口上。他飞起一脚，踢开火舌漫卷的窗框，纵身跳出火海。

孩子得救了，这是个只有五六岁的小女孩呀！

大娘撩起衣襟为董存瑞擦着额头。

这时，“轰隆”一声，房架塌了下来，一股黑红色的烟雾，团团而上。

大娘心里一惊，把孩子紧紧搂在怀里。她望望董存瑞，又看看怀里的孩子，泪水扑簌簌地流下来，半天才说：

“同志，是你救了孩子的命，留个名吧！”

“大娘，我们是解放军，是毛主席领导的队伍。”董存瑞和大娘说完话，又赶到别处救火去了。

大火终于被扑灭了。乡亲们拉着战士们的手，久久不愿撒开。

这时，大路上传来一阵歌声：

冀热察子弟兵来自人民，
工人农民是我们的父母亲。
放下斧头锄头拿起枪，
坚决勇敢杀敌人！
……
砍开了枷锁，打走了日本鬼，
救我们父母兄弟翻了身，
团结自己，
战胜敌人！
解放民族，
解放人民，
这就是我们神圣的责任！

原来大部队上来了。董存瑞告别了乡亲们，带着几个救火的战士，离开村子上了公路，去追赶副班长他们去了。

写在炸药包上的决心

部队奔袭作战肃清了隆化外围的敌人。隆化城像一座孤岛被解放军团团围住。

能不能拿下隆化是解放承德的关键。这里驻有敌人一个团的兵力,他们为了守住这个屏障,在城周围修筑了四十多个碉堡,由母堡、子堡组成碉堡群。在碉堡群周围,还设有很多副防御工事,什么鹿砦、铁丝网、陷阱、梅花桩、壕沟等。各碉堡群之间都有火力联系,构成交叉火力网。这工事与隆化城的苔山、龙头山有利地形结合起来,就形成了坚固的防御体系。解放军包围隆化之后,敌十三军军长石觉还在承德拍着胸脯吹嘘:“共军如能打下隆化,我就把承德白送给他们……”

这天,部队在壕沟宿营,营里召开了战前动员大会。会一散,董存瑞就跑到营教导员跟前,请求说:

“打隆化,我要送上第一包炸药!”

教导员深情地看着这位还不满十九周岁的年轻班长,拍着他的肩说:

“好钢用到刀刃上,告诉同志们,做好一切准备!”

回到班里,董存瑞的心久久不能平静,他仿佛又看到了苦难的敌占区人民,被敌人烧毁了的村庄和果园;大火中的小女孩和痛哭流涕的老大娘,还有差点儿给上锅煮了的白发老汉……

董存瑞一个一个地仔细检查着炸药包，看捆得牢不牢，他不放心，又用麻绳一个个紧了紧。

“放心吧，班长，”小战士刘祥见班长不放心，笑着说，“强将手下无弱兵，仗一打起来，你冲到哪儿，我们跟到哪儿，保证拉不了稀！”

“说得对刘祥，我们跟着班长冲锋到底！”一个老战士冲刘祥点点头说。

董存瑞见同志们求战热情高涨，心里很高兴。他拿起一张纸，贴在炸药包上，提笔在上边写着什么。

“嗬，这诗写得蛮不错嘛！”指导员不知什么时候进来了，见董存瑞写完后，大声地称赞着，“汉字会写的也多了！”

“咱哪会写诗呀，是说说心里话。”董存瑞见指导员夸奖他，不好意思地解释着。

“我看写得不错，给大家念念！”指导员提议说。

“我给大家念念！”董存瑞站了起来托着炸药包大声地念道：

仇恨满胸怀，
隆化要打开，
推倒三座山，
新中国要用我们双手建起来！

董存瑞念完后，全班战士鼓起了掌。刘祥不失时机地说道：

“指导员，我们班长是能文能武，他写在炸药包上的诗，代表了我们全班的决心，这次打隆化，我们六班可得打头阵啊！”

指导员笑着说：

“真是什么将带什么样的兵，能不能打头阵，全靠你们自己啦。”

“那是！”刘祥朝指导员扮了个鬼脸，“要不，这几天班长总是带领我们练跳沙窝子、练臂力啦！到时再大的障碍也能翻越，再多的炸药包也能扛得动！”

听战士这样说，指导员撂下脸来。

刘祥以为自己的准备工作没有完全符合要求，脸一红，诚恳地说：“我做得还不够好，离领导的要求有差距，请领导批评指导。”

指导员说：

“如实交代，你们班长是不是在休息时间内拉出你们去强化训练啦？”

刘祥急忙申辩：

“我们班长可是最服从纪律的，领导叫咋样就咋样，不叫咋样就不咋样！当然啦，自己钻进被窝里练‘闷功’，跟班长没关系。”

刘祥说走了嘴的‘闷功’，就是熄灯后，自己悄悄把双腿别在床尾，手里抱着枕头练仰卧起坐，以提高弹跳的能力。

指导员听罢，故意唬着脸：“我看不是没关系，是合伙故意隐瞒起来不报告，是不是？”

听到这里，董存瑞站起来回答：“我们全班战士是练时练得紧，睡时睡得着，吃饭时吃得香，请首长放心。”

见是火候了，指导员边走边说：“一定要休息好，养精蓄锐，一定要戳烂敌人‘隆化城防固若金汤’的牛皮！”

这时，刘祥把脑袋伸到董存瑞面前，一副很神秘的表情，问：

“班长，是不是今夜有情况？”

董存瑞知道指导员的话里有话，就逗刘祥：

“啥情况，指导员不是让你好好休息睡觉嘛，啊？”

于是，大家赶紧躺下休息了。

也就在这天深夜队伍出发了，一气走了八十里，开到了距隆化县城五里地的小山村——土窑子沟村。

爆破元帅

几天来，六连白天开会动员，休息。晚上，往敌人前沿挖交通壕。董存瑞边干边鼓励大家："同志们，加油干呀，早挖成一天，隆化就早解放一天！"

六班战士个个赛过小老虎，比着劲地干，提前一天完成任务。然后又去支援兄弟班，这下各班的干劲就更大了，第五天六连全部完成任务。

挖好了交通壕，工事也筑好了，就等着一声令下攻城了。董存瑞怕爆破任务落了空，一完成眼下任务，拉着郅顺义就往连部走。

郅顺义不久前调到七班当了班长。他知道要打大仗了，好几次找到董存瑞说：

"班长，这回打隆化，要是咱们连成了突击队，爆破任务准是你的，到时候可别忘了我呀！"

现在郅顺义一边跟着董存瑞往连部走，一边摇着拳头说：

"这仗眼看就要打了，要是咱俩去爆破，我保证，你冲到哪，我跟到哪！"

董存瑞握住他的手说：

"可眼下最要紧的是先把爆破任务抢到手！"

"对！"郅顺义点着头说。

两人说着，走进了连部。一见连首长，董存瑞劈头问道："我们的请求批准啦?”

“还有我,我也要和六班长一起上!”郅顺义也没头没脑地跟着说。

连里的几个干部看他俩这副神气,都哈哈笑了。

连长在二沟战斗中负伤住院去了。白副连长站起来后,故意装作什么也不知道的样子说道:

“什么请求呀? 一上来就批准不批准的。”

董存瑞急着说:

“打隆化,当爆破元帅的请求呗!”

“对,六班长挂帅最合适不过了,我给他当助手!”郅顺义附和着说。

“哦,原来是这事呀。看来你俩是合计好喽,跑到这里来想搞‘蘑菇战术’的吧。”

董存瑞和郅顺义见副连长揭了他们的底,两人互相看了看,谁也不说话。

指导员走过来说:

“你们这种积极求战的精神很好,可是,目前全连同志都憋足了劲儿,谁也争着挂这个帅,究竟谁去最合适,得拿到全连战士大会上去讨论,最后交党支部批准才行。”

“嘿呀,都快把人急死啦!”董存瑞一边搓着双手,一边转身离开了连部。这趟虽然任务没有落实到手,但也算摸到底了。他对郅顺义说:

“全连大会上,我们还争取!”

5 月 24 日下午,六连全体集合,召开“挂帅点将”战前动员大会。

大会还没开始,气氛就热了起来。战士们个个摩拳擦掌,班长们跃跃欲试,都憋着一把劲,想把最艰巨的任务争到手。

大会开始了,主持会议的白副连长讲了几句话后,请指导员动员。

“同志们,明天就要动手打隆化啦!”指导员挥动着手臂说。

会场上一阵掌声,大家高呼:

“打下隆化城,解放全中国!”

指导员向大家摆摆手,接着说:

“咱们连的任务是，从外围突进去，拿下隆化中学的敌人据点。这可是块硬骨头啊，敌人的明堡、暗堡很多，谁来担当爆破任务呢？现在由大家推选，选一名作战最勇敢的班长来当爆破元帅，然后由他来选兵点将！”

指导员的话音刚落，就听有人抢先喊了一声：“报告！”听这清脆有力的嗓门儿，大家都知道是六班长董存瑞。可是，紧接着“报告”声响个不停。整个会场沸腾起来，把董存瑞的声音压下去了。

刘祥一看这阵势，急了。他猛地站起来大声说道：

“我们六班长是全团的模范爆破手，由他挂帅，我举双手赞成！再说，我们六班还搞过‘院中堡垒’，熟悉敌人的城防工事，爆破手应该我们六班战士担任！”

郅顺义也站起来表示说：

“六班长挂帅再合适不过了，我同意。至于谁掩护？谁支援？让六班长点将吧！”

“同意！”

“同意！”

白副连长一听，群众的意见和支部研究的意图一致，便进一步征求大伙儿的意见，说：

“同志们，由六班长董存瑞同志挂帅，谁还有不同意见？”

“没有！”

眼看就要通过了，董存瑞的心“怦怦”直跳，他双手把冲锋枪攥得紧紧的。他心想：就凭同志们对我的这片信任，也要把爆破任务完成好。连首长，你们快决定吧！

“报告，我有点儿意见。”忽然，一班长站起来，十分严肃地说，“董存瑞同志阶级觉悟高，战斗勇敢，爆破技术好，带兵也有两下子。这些都没说的，就是有点儿不够沉着，他昨晚带领侦察组执行任务，不该扔手榴弹暴露目标。这次爆破任务大，让他挂帅，这样毛手毛脚可不行！”

一班长说完后，刚才还热热闹闹的会场一下子静了下来。大家不由自主地将目光转到董存瑞身上。

董存瑞也没料到，半路上杀出个程咬金来。他一时急得直抓脖颈子。他刚想说明昨晚的情况，这时，六班一个战士站起来抢先发言道：

“昨晚上的事，全……全怨我不好！”他急得脸都红了。

白副连长向这个战士摆摆手说：“别急，慢慢讲。”

原来昨天晚上，连里派董存瑞带领两名战士去侦察。他们摸到敌人哨位附近时，一个战士不留神，脚下弄出了响声。一时间，枪声响起，两个战士的处境十分危险。隐蔽在左侧的董存瑞，赶紧扔出一颗手榴弹，把敌人的火力吸引到自己这边，两名战士趁机转移到安全地带。这时，董存瑞才翻滚到一个土堆后边，他趁敌人慌乱打枪的机会，又弄清了敌人几处暗火力点，圆满完成了侦察任务。

“同志们说说，”这个战士继续说道，“俺们班长是在遇到特殊情况下，才扔手榴弹的，他既掩护了我们，又摸清了敌情，难道这样做不对吗？要说毛手毛脚，那得怨我。”

会场上静了一会儿，郅顺义站起来说：

“六班长做得对，我同意他挂帅！”

“同意！”“同意！”赞同的声音响成一片。

面对着全连同志们的信任，董存瑞“呼”地站起来，真诚地说道：

“一班长的批评是对的，我作为班长，事先没有对战士们讲清可能发生的情况和应该注意的问题，结果侦察时弄出响声，责任在我。像这样毛手毛脚，打起仗来是不行的，我一定克服自己的缺点，在今后战斗中，沉着，细心，多想办法，保证完成爆破任务。”

董存瑞说得那么恳切，句句打动了同志们的心。大伙儿把目光转向一班长。

一班长知道没有调查研究，错怪了董存瑞，心里感到火辣辣的，他霍地站起来，说道：

“六班长是好样的，我没意见了！”

接着，白副连长请大家举手表决，最后一致通过：董存瑞挂帅，并由他点将。

董存瑞提名郅顺义担任掩护任务。全连鼓掌通过。

现在，还要推选一个人，来担任支援任务。在向敌人纵深爆破时，必须及时、不断地把炸药包和手榴弹送上去。

大家的眼睛都不约而同地看着董存瑞，都希望他能点到自己头上。只有一班长深深地埋着头，暗自埋怨自己：谁让你不了解情况乱扔手榴弹，这个任务是轮不到自己了。

董存瑞环视着全连一百多名战友，猛然，他的眼光停在了一班长身上。

坐在一班长旁边的一个战士悄悄捅了捅他。一班长抬起头来，用一双渴望的眼光看着董存瑞。

只听董存瑞响亮地说道：

"一班长战斗勇敢，经验丰富，执行命令坚决、认真。我提一班长担任支援任务！"

"哗——"会场上立刻响起了热烈的掌声。

一班长激动得热泪盈眶，他跑过去，拉住董存瑞的手说：

"放心吧，有天大的困难，我们也要完成爆破任务！"

点将结束后，连党支部确定，由董存瑞等四名同志组成爆破组，并向他们授旗。

董存瑞代表爆破组，庄严地举起右手，一字一句地说出发自内心的誓言：

"同志们，这回，党把最光荣的任务交给咱们了，没有二话，天塌了也要完成！在这次战斗中，我决心，负伤了，不下火线；牺牲了，当个掩体，也要掩护同志们把隆化拿下来！"

大个炸药包

大战之前的夜晚格外静寂。

班里的战士们早就发出轻轻的鼾声了，劳累了一天的刘祥还在梦中做起了白天训练的动作，可董存瑞躺在床上，说啥也难以入眠。他反复思考着怎么对付隆化城里的那些暗堡。那些星罗棋布，用砖石构筑起来的大碉堡，一个个，就像画片一样，在眼前翻来翻去……

他合上眼睛，就看见一个碉堡，坐落在十分阴暗的坡坎下，突然展开血盆大口，喷射出一束束子弹……

他合上眼睛，就看见一座大个碉堡，从射击孔里伸出打红了的枪管，喷出的火焰烤焦了土地，一个炸药包送上去，由于威力不够，爆炸后机枪稍微停顿了一下，继续咆哮起来……

如果不能准时拿下发现的碉堡，为部队进攻打通道路，那么，战友们就会付出血的代价……

董存瑞再也躺不住了，下了床他顺便给刘祥拉了拉被子，悄悄走出屋去。

董存瑞来到房后的池塘边，看着水面倒映的天空，有无数星辰眨着窥视的眼睛。

“干吗你们也不睡觉?”董存瑞对着繁星发问。

“要打仗了嘛，它们跟你一样想事情!”郅顺义出现在身边，拉他一块儿坐在石墩子上。

"是你呀顺义，你咋也没睡觉?"董存瑞拍拍郅顺义的手问。

郅顺义向董存瑞跟前靠了靠，低声回答："说啥，还不同样是想心事!"

董存瑞立刻兴奋起来。

"顺义，说心里话，首长把这么艰巨光荣的任务交给咱，咱睡得着嘛? 钻被窝里老考虑是不是哪里还有准备不充分的地方。"

"存瑞，咱俩想到一块儿啦，我一直放心不下的也是这事。"

"就怕有个别环节薄弱，咱还没有发现。等打起来，就吃亏了!"

"是，子弹没眼睛，一点儿小的疏忽也不行!"

两个人交了一会儿心，董存瑞以很认真的口气问："你说，咱的炸药包怎么样?"

"炸药包?"郅顺义想了想说，"我也有点儿想法，但还没成熟。"

董存瑞就把自己的整个想法告诉了郅顺义。原来，自从通过那位去年打隆化解放过来的战士，了解了城内设防的情况后，隐藏在险要位置的那些大碉堡，一直在董存瑞的心中画着问号。战斗打响后，用什么办法端掉它们，他琢磨出一个又一个方案，但是觉得都有长短，不够理想。

这时，郅顺义没有留意，将几块石子踢下了塘堤，叽里咕噜地滚进水面，发出轻重不同的响声。

董存瑞听到后，觉得心里醍醐灌顶一般，蓦地透亮了起来。突然拉住郅顺义的手说：

"好了，办法有了，有了!"

"存瑞，你……"

"顺义你等着!"

董存瑞赶忙回到屋里，唤醒了战士们。

"班长!"

"班长!"

大家知道班长要给大家分派任务，立即跳出被窝，站到屋子中间。只有刘祥揉着惺忪的眼睛，问："班长，敌人在哪?"拉起枪来就要往外冲。

看他急匆匆的样子，大伙儿笑了。郅顺义跟他开玩笑说："刘祥，想打敌人,等急啦?”

“全国快解放了,打一个少一个,谁不想多打它一仗。”刘祥很认真地回答。

董存瑞示意大家坐下。然后一字一板地说:

“仗有的是打,不过得先想好怎么打,到时上了阵,才能打得准,打得狠。”

大家听董存瑞这么一说,心里越发着急起来。刘祥带头喊:

“班长,你有勇有谋,你就别启发大家了,来干脆的,说怎么个打法吧。”

见大家迫不及待的样子,董存瑞就把帽子和茶缸摆在床头,一边比画一边说:

“这里是子堡,容易炸掉;这里是母堡,炸掉它也没问题。但是,这里就不一样了,四周都有壕沟加铁丝网,炸药包的放置受到限制,威力受到影响……”

“班长,”刘祥这时听出了其中的门道,拳头“咚”地擂在床上,说,“你的意思,我听懂了!就是说……”

大家正听在兴头上,见刘祥中间插一杠子,都说:“听班长讲,还是听你摆划?”

郅顺义朝大家摆摆手说:“让他说下去,我倒要听听这个风风火火的小家伙有啥高见。”

董存瑞虽然没有说话,也用眼神鼓励他。

两个班长都要他说出自己的理解,刘祥更来了劲头,声音朗朗地说:

“俺家喂了两头猪……”

全班战士“哗”一声笑了。“刘祥,这阵讲喂猪干啥?”“想喂猪,等打完仗吧!”

刘祥自己却没笑,说:“听俺接着往下讲嘛!”

大家的笑声停止了。

“俺家喂的是一头大猪,一头小猪。每顿,小的一盆泔水吃不了;大的呢,一盆泔水还不够。没办法呀,俺妈每次就得多给它加半盆,这样大猪也一样吃饱了。”刘祥看看大家忍俊不禁的表情,话头一转,

"这只是个比方，咱打碉堡还不是跟喂猪差不多，大个的碉堡就得多给它送点炸药，要不它也吃不饱！"

听到这里，董存瑞和郅顺义相视一笑，说：

"好！刘祥同志这个联想非常好，这叫实际出智慧。我这个想法也是从郅班长一脚踢下几颗石子，落水的时候产生的声音大小不同，也就是说大小石头的威力不同，往下联想起咱们不能用同样大小的炸药包，来对付所有的敌堡的。"

这一夜，成了一个不眠之夜。战士们在董存瑞和郅顺义的带领下，赶制了十几个"加重"型炸药包，专等着战斗号角吹响的时候，把那些隐蔽的大个暗堡"喂"得饱饱的。

勇士辉煌化金星

解放隆化的战斗就要打响了。每个战士的心中都十分清楚，这将是一场激战。

连部传来命令：注意隐蔽，抓紧时间休息，等待攻击命令。

早就憋足了劲儿，决心在战场上狠狠教训敌人的董存瑞和战士们，隐蔽在早已构筑好的阵地里。

夜晚的天空，闪烁着无数颗星星，远处依稀可以看到一点两点的灯火，大地显得那么静谧。可现在董存瑞说什么也睡不着，他检查完阵地，又逐个查看了全班战士的武器装备。见一切都准备妥了，才坐下来又重新把腿上的绑带紧了又紧。

这时，排长悄悄来到了董存瑞身边，对大家说："你们的准备工作不错。出击的时候，一定要注意保护自己。"

刘祥回过头来说："放心排长，班长天天跟我们强调，要打狼，还不能被狼咬上。子弹长着眼睛哪，它见了咱革命战士，就会主动躲开！"

排长说："好你个刘祥，我有几次在战斗中发现你，跟你班长一个样，猛往前冲！"

董存瑞笑笑说："报告排长，其实刘祥也是很善于讲究战术的。身体是革命的本钱这句话，还是他告诉大家的呢。"

排长又跟董存瑞商讨了一些具体打法，满意地走了。

阵地上又恢复了寂静。

“唉，我说老李，”过了一会儿，趴在战壕里的刘祥憋不住了，黑暗中传来他悄悄的问话声，“你说全国解放了，天下太平了，你打算干什么去呢?”

“干什么?”战士老李想了一会儿，慢悠悠地回答说，“等全国解放了，我还回家种地，春耕秋收，田间地头，带着老婆孩子，那才叫幸、幸啥来着……哦，对对，那才叫幸福！还有，咱呀——买上一头牛……”

“嘻——嘻，还忘不了你那老婆孩子热炕头，二亩耕地一头牛啊，咱们班长不是说了吗？到那时，耕地都用拖拉机，收割还有收割机，浇地还有浇水机，谁还养牛呀!”

“我看牛还是得养。”战士小冯接过话茬儿说，“就说我家山前那几块坡坡地吧，拖拉机能上去？收割机、浇水机能派上用场？还得靠牛啊!”

“好，好，到那时，我开拖拉机，你赶牛；我家收割用机器，你家撅着屁股割麦子；我家‘咕嘟咕嘟’用浇水机灌溉，你家还用牛驮着水往地里折腾，看谁着急!”刘祥小嘴不饶人，还想说点儿什么。

“刘祥，怎么还不抓紧时间休息。”董存瑞知道刘祥的话匣子一打开就关不住，便压低声音制止他。

“班长，”刘祥见班长说话了，不情愿地说，“不是不想睡，是睡不着啊，你想，这全国说话就解放了，到时，敌人都消灭了，我们可干什么去呢?”

“到时候还能让你闲着，首长不是早就说过，咱们还要建设新中国哩！到那时，咱们的新城市和新农村，到处是楼上楼下，电灯电话；宽阔的大道从乡下修到城里，刘祥可以坐上拖拉机进城，小冯可以用牛车拉着丰收的果实，到北京送给毛主席啊!”董存瑞说完，提醒他俩，“将来，大家的好事多着呢，你三天三宿也说不完。现在谁也不许再讲论了，攒着劲头明天打敌人。给我狠狠地打!”

其实，董存瑞也睡不着，他靠在战壕里，盼着天快亮，盼着攻击信号早点儿升起。心里一遍又一遍地念叨：天亮吧，天亮吧，我们隆化的人民该得到解放了。他想，等打完仗，我也要给娘和‘她’报个喜信儿。不，我要把自己的军功章，亲自送给她们，让她们高兴高兴。

是啊,想到全国的解放,想到娘,想到家中的那个她,他的心中就充满了力量。

一九四八年五月二十五日凌晨,我军进攻在即,除了远处的村庄偶尔传来几声雄鸡报晓的啼鸣,整个阵地沉浸在大战之前特有的那种凝固气氛中。

战士们聆听到了自己"咚咚"的心跳。

突然,一颗,两颗,三颗红色信号弹腾空而起。与此同时,传来震天动地的炮声。

一道火光,一阵硝烟……

"同志们,我们的炮兵打上啦!"

"嘿,咱们的大炮呱呱叫,够敌人受的了!"

"快看,苔山开花啦!"

董存瑞和战士们趴在战壕里,兴奋地注视着前方,他们看到敌人在苔山上构筑的防御工事,被我们的神炮手一个个击中,直打得到处砖石横飞,尘土四溅。

"打得好!打得过瘾!"

"这一炮炸得敌人跳舞啦!你看,你看……"

炮火就像冰雹一般,不停地向着敌人的头上倾泻过去。"隆隆"的怒吼声,一阵紧似一阵。

"说话算话,人家炮兵弟兄早就发话打算全包圆了!"战士老李搭话。

"别家,说啥也得给咱留点儿立功的机会啊——"刘祥边喊边兴奋地直拍屁股。

董存瑞顾不上参加战士们的议论,眼睛死死盯住敌人工事的方向。他知道,炮火一延伸,就该爆破组上去了。这第一包炸药必须不差分秒地送上去。

他挟着炸药包,等待着副连长的命令。

白副连长一直看着腕上的手表,当指针指向五点二十五分,他猛地一挥手:

"机枪,打!"

刹那间,全连的机枪一起吼叫起来,子弹像旋风似的扫到了敌人阵地上。

“爆破组，上！”

白副连长手势未落，董存瑞已经抢先跃出战壕。紧跟着，李振德和另两名爆破手也飞快地冲了上去。担任掩护的郅顺义和负责支援的一班长，也如猛虎下山，扑向敌人。

敌人的重机枪疯狂地扫射，子弹像一条条火蛇，严密封锁着战士们前进的道路，还没接近第一个炮楼，一名爆破手倒下去了。在接近炮楼时，又一名爆破手牺牲了。

“啊，战友们！”董存瑞看着牺牲的同志，直觉得一股热血撞上了头顶。他回头向李振德点了点头，然后对郅顺义说：

“手榴弹掩护，我们上！”

郅顺义一抬身，连续掷出两颗手榴弹去。借着手榴弹爆炸后的硝烟，董存瑞挟起炸药包一跃而起，眨眼间，就扑到敌人炮楼底下。他迅速支好炸药包，拉燃导火索，然后翻身一滚，隐蔽在土坡下。

“轰”的一声，第一个炮楼被炸毁了。

一班长冒着弹雨，给董存瑞送来了第二包炸药，第三包炸药……

郅顺义连续不断地向敌人阵地投掷手榴弹，后续的各种火力，交替着给予支援。

敌人的阵地在山倾海啸般的战火中，不停地抖动。

冲过弥漫的硝烟，董存瑞和李振德一鼓作气，连续炸掉了敌人的三个炮楼和五个碉堡，顺利地完成了扫清隆化中学外围工事的任务。

下午三点半钟，六连向隆化中学发起冲锋。刘祥第一个跳出战壕，冲在最前面。一个个早就憋足劲儿的战士们猛扑上去。眼看就要接近隆化中学的围墙了。这时，意外的情况发生了，从隆化中学外侧的一座桥上，突然喷出六条火舌，拦住了部队冲锋的道路。

原来狡猾的敌人在紧靠围墙外的一条旱河上，用钢筋水泥构筑了一个伪装十分严密、很难发现的桥型暗堡。

“这帮王八蛋！”刘祥气得大吼一声，挺身向桥头暗堡冲去。一排子弹射来，刘祥倒在了血泊中。

“刘祥——”

董存瑞大喊一声，冒着弹雨冲上去，硬是把刘祥拖了回来。

鲜血将刘祥的军装染红了，他枕在董存瑞的怀里，断断续续地说："班长……我不能和……大家一起……建设新中国了，你……快去……"他用手指着那敌人暗堡，话没说完，停止了呼吸。

"刘祥，你的血绝不能白流！"

董存瑞紧紧地抱着牺牲的战友，盯着那喷火的桥型碉堡，双眼射出仇恨的火焰。

"炸掉它！炸掉它！大部队就要冲上来了，现在，一分一秒都是用生命做着代价啊！"

想到这，董存瑞猛地跳到白副连长面前，恳求说："副连长，我去炸掉它！"

"副连长，这里地形我熟悉，我去！"李振德也过来了。

"我去！"

"我去！"

战士们怒火中烧，都围过来向副连长请战。

白副连长沉思片刻，决定派李振德上去，叫另一个战士协助爆破。

凭借火力掩护，两名战士再次向桥型碉堡扑去。他们刚进入一片开阔地，跟在李振德后面的战士中弹负了重伤。李振德拖着炸药包，继续匍匐前进。

敌人的火力压得李振德抬不起头来，子弹"噗噗"地打在他的周围。同志们都为他捏着一把汗。前方有个斜坡，只见李振德低下身去，快速前进。眼看就要冲过那段封锁区了，就在这时，一颗子弹打中了炸药包上的雷管，只听"轰！"的一声，李振德倒下了。

眼看着又一个战友倒在血泊中，董存瑞简直气炸了肺，他再一次请战，还是没有得到允许。

这时，团部传来紧急命令：兄弟部队已突进隆化中学附近，要六连火速从东北角插进去，紧密配合战斗。

董存瑞一听，急得直跺脚，冲着白副连长说："再不能耽搁了，我立刻去炸掉它！"

郅顺义也跟着说："我掩护六班长！"

"不，不行。"白副连长摇摇头说，"你的任务已经完成了……"

"副连长——"董存瑞不容他把话说完，就抢着说，"隆化一刻没拿下来，我的任务就不能算完成，我一定要去炸掉它！”

听了董存瑞的一番话，副连长心头掀起一股股热浪，多么好的战士，多么好的班长呀！这个不满十九岁的年轻班长，参军以来，先后立过三次大功、四次小功，荣获三枚勇敢奖章和一枚毛泽东奖章。哪里危险，哪里就会有他的身影。如今又到了关键时刻，又是他站在了最前沿……

白副连长同指导员合计了一下，对董存瑞说：

“相信你一定能炸掉它！”

“我坚决完成任务！”董存瑞激动地说着。他从上衣口袋里掏出一个小包，郑重地交给指导员：

“如果我牺牲了，这是我最后的一次党费。”

指导员接过小包，紧紧握住董存瑞的双手，说：

“存瑞同志，我们等着你胜利回来！”

董存瑞向连首长和同志们点点头，要求准备一个大炸药包，便“倏”地跃了出去。

郅顺义这时也早准备好了，一跃身体，也冲出战壕。两人相互配合，在敌人密集火力下，迅速运动。

他们一会儿匍匐前进，一会儿又快速跃进。一班长和几名战士紧跟后面，及时把一个大个的炸药包送到郅顺义的手里。

桥型碉堡里，敌人的机枪更加疯狂了，子弹带着尖利的啸声，从他们耳边掠过。在快冲进开阔地时，董存瑞指着前面一个小土堆对郅顺义说：“你就在这里掩护！”说着，两人爬到土堆跟前，观察着剩下的一段冲击道路。

前方有一片开阔地，是敌人封锁最严密的地段，过去这片开阔地就是干河套，冲过那里就是火力死角，敌人的机枪就无可奈何了。

董存瑞冷静地观察好了这段险要道路，又一次检查了炸药包，然后，沉着、平静地对郅顺义说道：

“老郅，我们都是共产党员，万一我有个意外，你要继续完成任务，炸掉这座碉堡！”

郅顺义说：“班长，我记住了！”

“准备，投弹掩护！”

郅顺义抓起早已拧好盖的手榴弹，用力甩出去了几颗。顿时，敌人碉堡前的鹿砦、铁丝网被炸得稀烂。趁这机会，董存瑞一下子冲进了那片开阔地。

敌人慌了，更加疯狂地朝他射击，子弹打得他身边的尘土直冒白烟。董存瑞沉着、机智，忽左忽右地爬着，而敌人的机枪打紧了，他就伏下不动；敌人换梭子的一刹那，他就飞也似的向前跃进几米。

突然，董存瑞一个趔趄，扑倒在地上。郅顺义心里猛地一紧，刚要冲过去营救，却见董存瑞猛然爬起来，一阵快跑，跳进旱河套里。

原来，一颗子弹射中了董存瑞的左腿，鲜血染红了军裤，染红了前进的道路。

为了减轻敌人对董存瑞的威胁，郅顺义连着扔出几颗手榴弹，借着手榴弹爆炸的硝烟，他跳进了旱河前的壕沟里。

董存瑞已经冲到了桥型碉堡底下，这时郅顺义离董存瑞不过五十来米。他清楚地看见董存瑞抱着炸药包，向四面环视一圈，想找个合适的地方放炸药。可这桥离地有一人多高，两旁是光溜溜的石壁，炸药放到高处没地方搁，放在平地又不顶事。董存瑞想把炸药放在桥沿上，可桥沿没边没棱儿，放了两次都滑了下来。

只见他转着身子四下打量着，想找个什么东西做支架，可身边不用说木棒，就连根秫秸也找不到啊！郅顺义看着这一切，急得直攥拳头。

就在这时候，嘹亮的冲锋号响起来了，英勇的解放军战士潮水般地向隆化中学涌来。

面临死亡的敌人还在进行垂死挣扎。桥型碉堡上的砖头一块一块被捅开后，桥壁上立刻又出现了十几个暗枪眼，喷火的枪口从那里伸了出来。

嘹亮的冲锋号声……

英勇冲锋却有不幸战友纷纷倒在血泊中……

眼前的一切，震撼了董存瑞的心！

炸掉它！坚决炸掉它！

董存瑞挺起胸、昂起头，大步跨到桥底中央，左手托起炸药包，右手猛地一下拉着了导火索。

导火索丝丝地冒着白烟，急速燃烧着，燃烧着……

郅顺义看到这情景，惊呆了。他知道这导火索燃烧的时间仅仅只有七秒钟；他更清楚这一包炸药有多大威力。他不顾一切地跳出壕沟，直向董存瑞奔去。

"班长——"

郅顺义脚底一滑摔倒了，但他还在大声地呼唤着。

董存瑞面向着红旗，面向着战友，喊出最后的心声：

"同志们，为了新中国，冲啊！"

随着天崩地裂般的一声巨响，团团浓烟冲上天空。郅顺义觉得脑子"嗡"的一声，眼前一片烟雾。他揉揉双眼，敌人的机枪哑巴了，桥型碉堡消失了。然而班长呢？他似乎看到董存瑞手托炸药包的形象，依然耸立在眼前。

郅顺义猛地站起来，接过一班长送来的炸药包，一气冲到了隆化中学围墙下，"轰"地炸开了个大口子。

"为了新中国，冲啊！"

郅顺义喊着这震撼山河的战斗口号，第一个冲进了隆化中学敌据点。

"为了新中国，冲啊！"

六班战士们，踏着班长的足迹，冲进了隆化中学。

"为了新中国，冲啊！"

踏着英雄开辟的道路，成千上万的指战员冲上来了。

隆化解放了。

永恒的雕像

霏霏细雨，从天空洒下。

淅淅沥沥，淅淅沥沥……

部队首长、六连战士，他们来到了董存瑞壮烈牺牲的地方，怀着崇敬的心情，久久地站在那里。

“为了新中国，冲啊！”这声音仿佛依然回荡在人们的耳畔。

“为了新中国，冲啊！”那音容笑貌似乎再次浮现在人们的眼前。

“存瑞同志！”

“班长！”

这些一身铮铮铁骨、从枪林弹雨中拼杀出来的汉子们，缓缓地举起了拳头，举起了拳头……

1948 年 6 月 8 日，中国人民解放军第十一纵队党委作出决定，追认董存瑞同志为纵队战斗英雄，模范共产党员；同时命名英雄生前所在部队六连六班为“董存瑞班”。

原冀热察行署决定，把隆化中学改名为“存瑞中学”，以永久纪念董存瑞烈士，继承英雄未酬的壮志。

1950 年 9 月，全国战斗英雄、劳动模范代表会议，追认董存瑞同志为全国战斗英雄。

1957 年 5 月 29 日，朱德委员长为董存瑞烈士纪念碑写下了“舍身为国，永垂不朽”的光辉题词。

在英雄牺牲的地方——隆化，建立了“董存瑞烈士陵园”。

在英雄的家乡——怀来县南山堡，建立了“董存瑞烈士纪念馆”。

当我们踏进美丽的怀来大地的时候，在青松掩映、翠柏环绕之中，一座英雄的雕像，映入眼帘……

嘹亮的军号声又吹响了，回响在巍峨雄伟群峰叠嶂之间，仿佛是在向世人倾诉英雄的不朽业绩。

漫山遍野的映山红又开放了，那样的娇艳如洗，仿佛是在向后人昭示烈士心中那圣洁至美的憧憬与向往。

又是一年的清明时节，就在英雄献身的地方，来了一群白发苍苍的老人，来了一群风华正茂的年轻人，来了一群孩子……

啊，存瑞，人民的勇敢儿子！

啊，董存瑞同志，革命的战友！

啊，叔叔，无数来者的楷模！ 榜样！

你可知道，在九千六百万平方公里的土地上，多少颗火热的心啊，在为你燃烧！

你可知道，我们祖国母亲永远为你骄傲，为你自豪！

你可知道，你的伟大与崇高，是一座跨越了任何时间与空间的丰碑，是一尊在人们心中永恒的抹不掉的雕像；而你的精神，正激励着一代又一代人，高擎着祖国利益高于一切，人民事业高于一切的旗帜，前赴后继，奋勇向前！

你可知道……

（注：本书编著过程中，参考了《黄继光的故事》、《战斗英雄故事选》、《抗美援朝战争史》等著作，以及贴在网上的有关资料，在此一并表示衷心的感谢！——作者）